音声DL版

聴ける! 読める! 書ける! 話せる!

ドイツ語
初歩の初歩

▶カタコトフレーズ ▶基本フレーズ ▶場面別フレーズ

JN015640

●ドイツの州と都市

ドイツには16の州があります。州都とおもな都市は以下のとおりです。

ドイツ連邦共和国
Bundesrepublik
Deutschland

デンマーク

バルト海
Ostsee

北海
Nordsee

キール
Kiel ★

シュレスヴィヒ・ホルシュタイン
SCHLESWIG-
HOLSTEIN

シュヴェリーン
★ Schwerin

メクレンブルク・
フォルポメールン
MECKLENBURG-
VORPOMMERN

★ハンブルク
ハンブルク Hamburg
HAMBURG

ブレーメン
BREMEN ★ブレーメン
Bremen

ニーダーザクセン
NIEDERSACHSEN ハノーファー
Hannover

ベルリン
BERLIN

★ベルリン
Berlin

ポーランド

オランダ

●ハーメルン
Hameln

マクデブルク
Magdeburg ポツダム
Potsdam

ザクセン・アンハルト
SACHSEN-ANHALT

ブランデンブルク
BRANDENBURG

ノルトライン・ヴェストファーレン
NORDRHEIN-
WESTFALEN

★デュッセルドルフ
Düsseldorf

エアフルト
Erfurt
★

マイセン●
Meißen

ベルギー

ケルン
Köln

ヘッセン
HESSEN

テューリンゲン
THÜRINGEN

ザクセン
SACHSEN ドレスデン
Dresden

ラインラント・プファルツ
RHEINLAND-
PFALZ

ヴィースバーデン
★ Wiesbaden

バイロイト
Bayreuth

ルクセンブルク

マインツ
Mainz

●フランクフルト
Frankfurt

ニュルンベルク
● Nürnberg

チェコ

ザールラント
SAARLAND

★ザールブリュッケン
Saarbrücken

●ローテンブルク
Rothenburg

シュトゥットガルト
Stuttgart
★

バイエルン
BAYERN

フランス

バーデン・ヴュルテンベルク
BADEN-
WÜRTTEMBERG

ミュンヘン
München
★

オーストリア

フュッセン
Füssen

スイス

★ 州都　● 都市

はじめに

　本書はタイトルが示すとおり、ドイツ語の初学者を対象にしています。この本を手にされている方は、すでに英語の学習経験があると思いますが、幸いなことにドイツ語は他のヨーロッパ言語に比べて英語との類似点が多く、比較的学びやすいと言えるでしょう。本書の執筆に当たっては、ドイツ語の基礎文法と会話を初めて学ぶ方が、興味を持ちながら容易に習得できるよう、日常会話に必要な項目を厳選しました。また、学習者に不必要な負担をかけることなく、ドイツ語文法の概要を把握できるよう配慮しています。

　例えば、英語の「you」に当たるドイツ語の人称代名詞にはSie（あなた）とdu（君）の2種類ありますが、本書では難しいduの用法をカットしています。Sieは初対面の相手に使い、duは家族やごく親しい友人に使う代名詞なので、初学者がduを使うことはまれです。また、ドイツ語の場合、主語がSieかduかで動詞の語尾変化の形が異なりますが、Sieの場合は動詞の形が辞書に載っている不定形（原形）とほぼ一致していてわかりやすい、ということもSieの用法に絞っている理由です。

　さらに、英語との比較や、バリエーションに富んだ例文を使ったわかりやすい解説によって、ドイツ語の文法とその用例を無理なく身につけられるように努めています。

　一人でも多くの方が本書を礎にして、次のステップであるドイツ語の本格的なマスターという大きな航海に向かわれることを祈っております。

Viel Spaß und viel Erfolg!
フィール　スパース　ウント　フィール　エアフォルク
（大いに楽しみ、そして多くの成果を!）

著者

本書の使い方

本書は5つの**TEIL**（章）から構成されており、ごくシンプルな文型を中心に、実用的な表現をまとめています。

TEIL 1 ドイツ語 基礎の基礎

まずは知っておきたい文字や発音のポイント、数（時/暦）の表現など、ドイツ語の基礎知識を学習します。

TEIL 2 ドイツ語 文法の基本ルール

名詞の性や冠詞の格変化をはじめとするドイツ語の文法の特徴について、品詞ごとに基本ルールを学習します。

TEIL 3 そのまま覚える！ カタコトフレーズ

コミュニケーションの第一歩となるあいさつやお礼、返事など、そのまま覚えてすぐに使えるフレーズを紹介しています。

TEIL 4 マスターしたい！ 基本フレーズ

使用頻度の高い4つの動詞、6つの助動詞、6つの疑問詞を使った、ベーシックな日常表現を身につけます。

学習のポイント「基本フレーズ」で押さえておきたいポイントをまとめています。

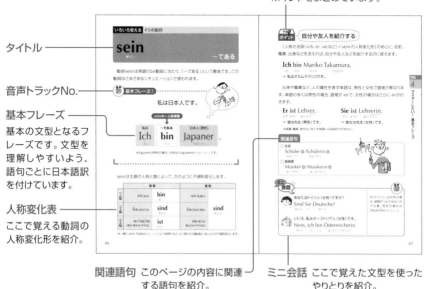

タイトル

音声トラックNo.

基本フレーズ
基本の文型となるフレーズです。文型を理解しやすいよう、語句ごとに日本語訳を付けています。

人称変化表
ここで覚える動詞の人称変化形を紹介。

関連語句 このページの内容に関連する語句を紹介。

ミニ会話 ここで覚えた文型を使ったやりとりを紹介。

TEIL 5　旅先で使える! 場面別フレーズ

　TEIL 4までに学んだ文法的な内容をベースに、旅先で役立つ表現を身につけます。入れ替えフレーズの一部を別の語句にすれば、表現のバリエーションが広がります。

音声トラックNo.　　　　　ポイント「入れ替えフレーズ」で押さえておきたい
　　　　　　　　　　　　　　　ポイントを解説しています。

場面タイトル ──

入れ替えフレーズ ──
右ページの入れ替え
語句を使えば、バリ
エーションが広がる
フレーズです。

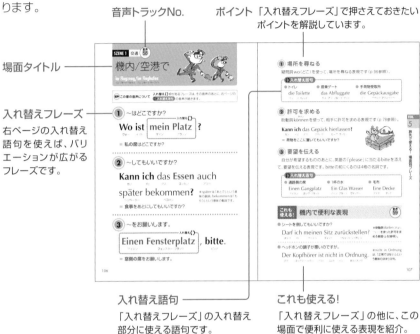

入れ替え語句
「入れ替えフレーズ」の入れ替え
部分に使える語句です。

これも使える!
「入れ替えフレーズ」の他に、この
場面で便利に使える表現を紹介。

付録　①動詞の人称変化一覧表／②お役立ち単語帳

　よく使うおもな動詞の人称変化形がひと目でわかる一覧表と、旅先で役立つカテゴリー別の単語帳です。

※本書では、ドイツ語の発音をカタカナルビ（特に強く発音する箇所は太字）で表記していますが、日本語にはない発音を正確にカタカナで表すことはできません。また、強く発音する箇所はフレーズによって変わることもあります。ルビはあくまで目安とし、正しい発音は付属の音声で確認してください。

について　音声マークが付いた箇所の語句やフレーズは、音声をダウンロードして聴くことができます。特にドイツ語特有の発音は音声をよく聴いて、まねをするように発音してみましょう。
　　　　　　　　※音声は 日本語 → ドイツ語 の順で収録しています。
　　　　　　　　※ダウンロードの手順はカバー折返し部分をご参照ください。

目 次

TEIL 5 旅先で使える！ **場面別フレーズ** 音声58〜 音声78

編 集 協 力：有限会社テクスタイド	音 声 制 作：財団法人英語教育協議会（ELEC）
D T P：有限会社テクスタイド	ナレーション：ドイツ語 Andreas Meyer
ドイツ語校正：Dr. Herbert Worm	Nadine Kaczmarek
Setsuko Kojoma-Worm	日本語 水月優希
本文イラスト：金井 淳	

TEIL 1

ドイツ語
基礎の基礎

ドイツ語のひみつ

ドイツ語はドイツを越えて

　ドイツ語を母国語としている人は、ヨーロッパだけでも約1億100万人いるといわれており、EU圏内では最も使用頻度の高い言語です。

　ドイツ語が公用語の国は、ドイツ、オーストリア、スイスの他、リヒテンシュタインとルクセンブルクがあります。また、イタリア北部やベルギーの一部地域でもドイツ語が公用語として認められています。

ドイツ語の名詞には性がある

　ヨーロッパ系の言語を初めて習う人にとって、最初のとまどいは単語に男女の区別があることでしょう。ドイツ語の場合は、男性名詞と女性名詞に加えて、さらに中性名詞があります。

　生物に関する名詞の性は、生物学上の性とほぼ一致しており、Mann（男性）は男性名詞、Frau（女性）は女性名詞です。

　人間や動物の子どもを表す単語はほとんどが中性。人間のKind（子ども）、Baby（赤ちゃん）、動物のKätzchen（子猫）、Kalb（仔牛）、Küken（ひよこ）などは中性名詞です。

　しかし、名詞に性が存在することは受け入れられても、非生物の名詞にも性があるというのはなかなか理解に苦しむところです。また、Rock（スカート）は男性名詞、Krawatte（ネクタイ）は女性名詞というように、名詞のイメージと性が一致しないものもありますので、焦らずに少しずつ覚えていきましょう。

文法や単語が英語と似ている

　ドイツ語は英語と同じゲルマン語系に属するた
め、文法や単語に類似点が多く見られます。例えば、
英語の「What is it?（それは何ですか?）」はドイツ
語では「Was ist das?」で、文の構成が同じです。
また、英語とスペルが同じドイツ語の単語が
いくつかあります。Name（名前）、Hand（手）、
Information（情報）、Student（学生）などは、
発音こそ異なりますが、意味も英語と同じです。

　ただし、スペルが同じでも、ドイツ語と英語では意味が全く異なる単
語もあります。Giftはその典型でしょう。ドイツ語では「毒」を意味しま
すので、この単語の取り扱いには注意が必要です。

日本語の中のドイツ語

　明治以降、ドイツと日本の交流の中で、ドイツ語の言葉が日本語に吸
収されて一般的になった例が数多くあり、元のドイツ語とほぼ同じ意味
で使われています。特に医学用語には「アレルギー（Allergie）」「ホル
モン（Hormon）」など、日本語化したドイツ語がたくさんあります。また、
「テーマ（Thema）」「カテゴリー（Kategorie）」「ザイル（Seil）」など
も、ドイツ語起源の言葉です。

　日本語化したドイツ語の中でも、特に
私達になじみ深いのは「バウムクーヘン
（Baumkuchen）」「メルヘン（Märchen）」
「エネルギー（Energie）」などでしょう。

文字と発音

アルファベット

音声 01

ドイツ語のアルファベットはAからZまでの26文字の他に、ウムラウトと呼ばれる記号「¨」が付いた3つの母音Ä、Ö、Üと、子音ßがあります。

母音

A a アー	B b ベー	C c ツェー	D d デー		
E e エー	F f エフ	G g ゲー	H h ハー		
I i イー	J j ヨット	K k カー	L l エル	M m エム	N n エン
O o オー	P p ペー	Q q クー	R r エル	S s エス	T t テー
U u ウー	V v ファウ	W w ヴェー	X x イクス	Y y ユプスィロン	Z z ツェット

Ä ä アーウムラウト	Ö ö オーウムラウト	Ü ü ウーウムラウト	ß エスツェット

—— ドイツ語特有のアルファベット

アクセント

ドイツ語の単語のアクセントは、通常第1音節に置かれます。

Vater (父)
ファーター

Mutter (母)
ムッター

ただし、以下の第1音節にはアクセントが置かれることがないので、第2音節以降に置かれます。

be- / emp- / ent- / er- / ge- / ver- / zer-

be**kom**men (受け取る)
ベコメン

Ge**schenk** (贈り物)
ゲシェンク

また、外来語の多くも第2音節以降にアクセントが置かれます。

Ho**tel** (ホテル)
ホテル

Restau**rant** (レストラン)
レストラーン

13

母音の発音

●伸ばす母音と伸ばさない母音

ドイツ語の母音は基本的にローマ字式に発音し、アクセントのある母音のあとに子音が1つの場合は長母音（長く伸ばして発音）に、2つ以上の子音がくる場合は短母音（短く発音）になります。

		長母音	短母音
a	＝「ア」	sagen（話す） ザーゲン	Mann（男） マン
e	＝「エ」	geben（与える） ゲーベン	Bett（ベッド） ベット
i	＝「イ」	Tiger（トラ） ティーガー	Kind（子ども） キント
o	＝「オ」	Honig（ハチミツ） ホーニヒ	kommen（来る） コメン
u	＝「ウ」	gut（良い） グート	Kunst（芸術） クンスト

※母音のすぐあとにhがくる場合も長母音で発音します。**例：Zahl**［ツァール］（数）

●ウムラウト付きの母音

ウムラウトの付いた3つの母音は次のように発音します。

		長母音	短母音
ä	＝「エ」	spät（遅い） シュペート	Gepäck（荷物） ゲペック
ö	＝唇を「オ」の形にして「エ」と発音 ※「オ」と「エ」の中間音	schön（美しい） シェーン	öffnen（開ける） エフネン
ü	＝唇を「ウ」の形にして「イ」と発音 ※「イ」と「ユ」の中間音	süß（甘い） ズース	wünschen（望む） ヴュンシェン

●重母音

同じ母音が重なったものは重母音と呼ばれ、長音になります。

aa = 「アー」	Haar（髪の毛） ハー
ee = 「エー」	leer（空っぽ） レーア
oo = 「オー」	Boot（ボート） ボート

●複母音

異なる母音が重なった以下の4種類のものは複母音と呼ばれ、変則的な発音になります。

äu eu = 「オイ」	Bäume（木）※複数形 ボイメ
	heute（今日） ホイテ
ei = 「アイ」	Eis（アイスクリーム） アイス
ie = 「イー」 「イエ」 ※ieにアクセントがある場合は 「イー」が一般的	アクセント あり　hier（ここ） ヒーア
	アクセント なし　Familie（家族） ファミーリエ

15

子音の発音

 音声 04

●特に気をつけたい子音

ドイツ語の子音で、ローマ字式の発音とは異なるものをまとめました。CDをよく聴いて、つづりと発音を確認しましょう。

b　d　g	語末・音節末およびs、tの前では、それぞれ「プ」「ト」「ク」と発音します。ただし、ngは「ング」。 **hal**b（半分）　　**Han**d（手）　　**Ta**g（日） 　ハルプ　　　　　　ハント　　　　　ターク
ch	母音a、o、u、auのあとにくる場合、「ハ」「ホ」「フ」「ヘ」の発音（喉の奥で息を吐くような音）になります。 Na**ch**t（夜）　　　　To**ch**ter（娘） 　ナハト　　　　　　　トホター Bu**ch**（本）　　　　rau**ch**en（たばこを吸う） 　ブーフ　　　　　　　ラウヘン 上記以外の場合は「ヒ」と発音します。 i**ch**（私） 　イヒ
chs　x	「クス」と発音します。 we**chs**eln（取り替える）　Ta**x**i（タクシー） 　ヴェクセルン　　　　　　タクスィ
dt　th	「ト」と発音します。 Sta**dt**（都市）　　　　**Th**eater（劇場） 　シュタット　　　　　　テアーター
h	母音のあとにくる場合は発音せず、その母音を長音にします。 Za**h**l（数） 　ツァール
ig	語末または音節末にある場合、「イヒ」と発音します。 bill**ig**（安い） 　ビリヒ
j	「ユ」と発音します。 **j**ung（若い） 　ユング

16

pf	両唇を合わせ「プ」と「フ」を同時に発音するように、短く「プフ」と発音します。 **Kopf**（頭） コップフ
qu	「クヴ」と発音します。 **Qu**alität（品質） クヴァリ**テ**ート
s	母音の前では濁音の「ズ」と発音します。 **Sie**（あなた） ズィ
ß　ss	「ス」と発音します。 gro**ß**（大きい）　　　　　　Flu**ss**（川） グ**ロ**ース　　　　　　　　　　フルス
sch	「シュ」と発音します。 **Sch**ule（学校） **シュ**ーレ
sp　st	語頭・音節頭にある場合、それぞれ「シュプ」、「シュト」と発音します。 **Sp**rache（言語）　　　　　　**st**ehen（立っている） シュプ**ラ**ーヘ　　　　　　　　　シュ**テ**ーエン
tsch	「チュ」と発音します。 Deu**tsch**（ドイツ語） ドイ**チュ**
ts　tz **ds　z**	いずれも「ツ」と発音します。 nich**ts**（何も〜ない）　　　Ka**tz**e（猫） ニヒツ　　　　　　　　　　　　**カ**ッツェ aben**ds**（晩に）　　　　　　**Z**ucker（砂糖） ア**ー**ベンツ　　　　　　　　　**ツ**ッカー
w	「ヴ」と発音します。　※英語の「v」に当たります。 **W**asser（水） **ヴァ**ッサー
v	「フ」と発音　※英語の「f」に当たります。 **v**öllig（完全な） **フェ**リヒ

数（時／暦）

0〜99

音声
05

金額の確認、時間や日付を表すときに必要な、数字の表現を覚えましょう。

●0〜19

0	null ヌル	10	zehn ツェーン
1	eins アインス	11	elf エルフ
2	zwei ツヴァイ	12	zwölf ツヴェルフ
3	drei ドライ	13	dreizehn ドライ・ツェーン
4	vier フィーア	14	vierzehn フィーア・ツェーン
5	fünf フュンフ	15	fünfzehn フュンフ・ツェーン
6	sechs ゼックス	16	sechzehn ゼヒ・ツェーン
7	sieben ズィーベン	17	siebzehn ズィープ・ツェーン
8	acht アハト	18	achtzehn アハ・ツェーン
9	neun ノイン	19	neunzehn ノイン・ツェーン

※「13」〜「19」の語尾-zehnは英語の「-teen」に当たります。

●20〜99

20	zwanzig ツヴァンツィヒ
21	einundzwanzig アインウント・ツヴァンツィヒ
30	dreißig ドライスィヒ
40	vierzig フィーアツィヒ
50	fünfzig フュンフツィヒ
60	sechzig ゼヒツィヒ
70	siebzig ズィープツィヒ
80	achtzig アハツィヒ
90	neunzig ノインツィヒ
99	neunundneunzig ノインウント・ノインツィヒ

一の位が「1」〜「9」の数は［一の位＋und＋十の位］と読みます。
23 = dreiundzwanzig
└3┘ └20┘

※一の位が「0」の数は語尾が-zigですが、「30」は例外的に-ßigになります。

●100〜

100	hundert フンダート
200	zweihundert ツヴァイ・フンダート
300	dreihundert ドライ・フンダート
1,000	tausend タウゼント
2,000	zweitausend ツヴァイ・タウゼント
3,000	dreitausend ドライ・タウゼント
10,000	zehntausend ツェーン・タウゼント
100,000	hunderttausend フンダート・タウゼント
1,000,000	eine Million アイネ　ミリオーン

「100」以上の数も、十の位と一の位を逆にしてundでつなぎます。

125 = hundertfünf**und**zwanzig
└—100—┘└5┘　　└——20——┘

1963 =
tausendneunhundertdrei**und**sechzig
└—1,000—┘└—— 900 ——┘└3┘　└——60——┘

※年号の場合は次のような読み方になります。

1963（年）=
neunzehnhundertdrei**und**sechzig
└——19——┘└—100—┘└3┘　└——60——┘

スペルではなく数字で表記する場合、3桁の区切りはピリオド「.」に、小数点はコンマ「,」になります。

	日本語表記		ドイツ語表記
	3,000	=	3.000
	0.5	=	0,5

●序数

1番目の	erst エアスト	5番目の	fünft フュンフト	9番目の	neunt ノイント
2番目の	zweit ツヴァイト	6番目の	sechst ゼックスト	10番目の	zehnt ツェーント
3番目の	dritt ドリット	7番目の	siebt ズィープト	20番目の	zwanzigst ツヴァンツィヒスト
4番目の	viert フィーアト	8番目の	acht アハト	30番目の	dreißigst ドライスィヒスト

※序数は語尾が -t/-st になると覚えてください。

時を表す単位「時間」「分」「秒」は複数形の場合、語尾に-nが付きます。

時間	Stunde 単 シュトゥンデ	分	Minute 単 ミヌーテ	秒	Sekunde 単 ゼクンデ
	Stunden 複 シュトゥンデン		Minuten 複 ミヌーテン		Sekunden 複 ゼクンデン

時刻を表す場合、「〜時」にはUhr(ウーア)という単位を使います。「〜分」のMinute/Minutenは省略されます。

8時20分 =

acht **Uhr** zwanzig
アハト　　ウーア　　ツヴァンツィヒ
└──── 8時 ────┘ └── 20(分) ──┘

「〜分前」「〜分過ぎ」などの表現も覚えておきましょう。

7時5分前 = fünf **vor** sieben　※この場合「〜時」のUhrも省略されます。
　　　　　フュンフ　フォア　ズィーベン
　　　　　└5(分)┘└〜の前に┘└7(時)┘

9時10分過ぎ = zehn **nach** neun
　　　　　　　ツェーン　ナーハ　ノイン
　　　　　　　└10(分)┘└〜のあとで┘└9(時)┘

2時半 = **halb** drei　※「3時に向かって半時間が過ぎた」→「2時半」
　　　　ハルプ　ドライ　　という意味になります。
　　　　└半分┘└3(時)┘

関連語句
※ドイツ語の名詞には性があり(p.24参照)、その性も覚えておく必要があります。

□ 午前 Vormittag 男 フォア・ミッターク	□ 正午 Mittag 男 ミッターク	□ 夜 Nacht 女 ナハト	□ 今日 heute ホイテ
□ 午後 Nachmittag 男 ナーハ・ミッターク	□ 夕方 Abend 男 アーベント	□ 昨日 gestern ゲスターン	□ 明日 morgen モルゲン

暦を表す

音声 08

「年」「月」「日」「週」は複数形の場合、語尾に-eまたは-nが付きます。

年	Jahr 単 ヤー	月	Monat 単 モーナト
	Jahre 複 ヤーレ		Monate 複 モーナテ
週	Woche 単 ヴォッヘ	日	Tag 単 ターク
	Wochen 複 ヴォッヘン		Tage 複 ターゲ

日付は「日」「月」の順に表し、「～日」には序数（p.19参照）を使います。

5月1日 = der　1.　Mai
デア　エアステ　マイ
└（定冠詞）┘└ 1日 ┘└ 5月 ┘

※日付は定冠詞（p.26参照）を付けて表します。この場合、序数の語尾に-eが付くので、「1日」はerste［エアステ］になります。
※表記の際には、「～日」の数字のあとにピリオド「.」を付けることを忘れずに。

関連語句

※月、曜日はすべて 男

- [ ] 1月
  Januar
  ヤヌアー
- [ ] 2月
  Februar
  フェーブルアー
- [ ] 3月
  März
  メアツ
- [ ] 4月
  April
  アプリル
- [ ] 5月
  Mai
  マイ

- [ ] 6月
  Juni
  ユーニ
- [ ] 7月
  Juli
  ユーリ
- [ ] 8月
  August
  アウグスト
- [ ] 9月
  September
  ゼプテンバー
- [ ] 10月
  Oktober
  オクトーバー

- [ ] 11月
  November
  ノヴェンバー
- [ ] 12月
  Dezember
  デツェンバー
- [ ] 日曜日
  Sonntag
  ゾン・ターク
- [ ] 月曜日
  Montag
  モーン・ターク
- [ ] 火曜日
  Dienstag
  ディーンス・ターク

- [ ] 水曜日
  Mittwoch
  ミット・ヴォッホ
- [ ] 木曜日
  Donnerstag
  ドナス・ターク
- [ ] 金曜日
  Freitag
  フライ・ターク
- [ ] 土曜日
  （西部・南ドイツ）
  Samstag/
  ザムス・ターク
  （北・中部ドイツ）
  Sonnabend
  ゾン・アーベント

豆知識 買い物は平日がおすすめ

　ドイツでは「閉店法」という法律によって、キリスト教の安息日である日曜日と祝日の店舗の営業は基本的に禁じられています。もちろん例外もあり、駅構内のキオスクやガソリンスタンドなどは日本と同様に年中無休ですが、一般的な商店の営業は月曜日から土曜日と考えておいたほうが無難です。レストランやカフェなどの飲食店は、日曜日・祝日でも営業しています。

　一般的な商店の営業時間は、お店の規模や商品によっても異なりますが、平日は朝9時〜10時に開店し、夜7時〜8時頃まで営業というところが多いようです。土曜日は早めの午後4時頃に閉店するのが一般的です。土曜日は平日働いているドイツ人が買い物に集中することもあり、旅行者は土曜日の買い物は避けたほうがよいでしょう。また、個人商店などでは1時間〜2時間程度の昼休みをとるところも少なくありません。目当てのお店で買い物をしたい場合は、営業時間を事前にチェックしておきましょう。

　ちなみに、労働者の権利が強く保護されているドイツでは、「閉店時間＝お店が完全にドアを閉める時間」です。日本とは違って、店内の客は閉店時間前に完全に閉め出されることを覚悟しておく必要があります。販売員の対応もドイツと日本では大きく異なります。「お客様は神様である」という、日本が世界に誇る接客姿勢は、ドイツでは残念ながらまず期待できないでしょう。

TEIL 2

ドイツ語
文法の基本ルール

名詞には性と数がある

名詞の性

音声 09

　ドイツ語の一般名詞は、男性・女性・中性の3つの性があり、すべての名詞はそのいずれかに属します。

　名詞の性は、前に付く定冠詞（p.26～27参照）を見ればわかります。名詞は、英語の「the」に当たる定冠詞der（＋男性名詞）、die（＋女性名詞）、das（＋中性名詞）を付けて覚えましょう。

※名詞は常に大文字で書き始めます。
※人間や動物に関する名詞は、生物学的な性と文法上の性がほぼ一致します。

男性名詞

四季、月、曜日、方向、天候に関する名詞には男性名詞が多くあります。

der Vater（父）
デア　ファーター

der Herbst（秋）
デア　　ヘルプスト

der Januar（1月）
デア　　ヤヌアー

女性名詞

語尾が-ung/-ei/-heit/-keit/-schaftの名詞は女性名詞です。

die Mutter（母）
ディ　　ムッター

die Konditorei（ケーキ屋）
ディ　　コンディトライ

die Straße（通り）
ディ　シュトラーセ

※語尾が-eの名詞の多くも女性名詞です。

中性名詞

名詞化した動詞、語尾が-chen/-leinの名詞は中性名詞です。

das Haus（家）　　　das Lesen（読書）
ダス　ハウス　　　　ダス　レーゼン

das Päckchen（小包）
ダス　　　ペクヒェン

名詞の複数形

複数形にするときは、単数形の語尾に -e/-n などを付けます。語尾変化の基本は次の4パターンです。

		単 数	複 数
①語尾に -e を 付ける （男性名詞・中性名詞 に多い）	テーブル	Tisch 男 ティシュ	Tische ティシェ
	客	Gast 男 ガスト	Gäste ゲステ ※このように、a/u/o/au にはウムラウトが付く場合もあります。
②語尾に -n/-en を 付ける （ほとんどの女性名詞）	花	Blume 女 ブルーメ	Blumen ブルーメン
	女性	Frau 女 フラウ	Frauen フラウエン
③語尾に -er を 付ける （中性名詞に多い）	子ども	Kind 中 キント	Kinder キンダー
	本	Buch 中 ブーフ	Bücher ビューヒャー ※この場合、a/u/o/au には必ずウムラウトが付きます。
④語尾に -s を 付ける （外来語に多い）	自動車	Auto 中 アウト	Autos アウトス
	カフェ	Café 中 カフェー	Cafés カフェース

次のように、単数・複数が同形の単語もあります。

※単数形の語尾が -er の単語のほとんどは、複数形が同形です。

単 数		複 数
Spiegel 男 シュピーゲル	＝	Spiegel（鏡）
Zimmer 中 ツィマー	＝	Zimmer（部屋）

冠詞は名詞の性・数・格で変化する

定冠詞

音声
11

●名詞の性・数で変化する定冠詞

ドイツ語の定冠詞は英語の「the」に当たり、すでに話題に上がっている名詞や、特定の人や物に付けます。定冠詞は名詞の性と数に対応しており、男性名詞には der、女性名詞には die、中性名詞には das、そして複数形の名詞には die が付くのが基本です。

●助詞の役割がある4つの格とその変化

日本語では、助詞「～は、～が」「～の」「～に」「～を」を使って、その名詞が文中でどんな働きをしているか（主語、目的語など）を示しますが、ドイツ語では [冠詞 + 名詞] で文中の働きを示します。

以下の図のように、日本語の4種類の助詞に当たるものをドイツ語では1格～4格と呼びます。

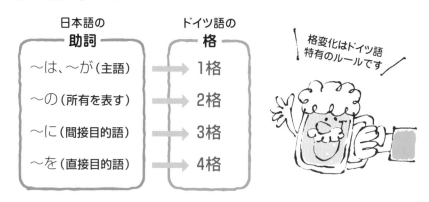

定冠詞はこれらの格に応じて形が変わります。このことを格変化と言います。右ページで [定冠詞 + 名詞] の格変化を見てみましょう。

	単数			複数
	男性名詞	女性名詞	中性名詞	性にかかわらず
	父	母	子ども	人々
1格 （〜は、〜が）	**der** Vater デア **ファーター**	**die** Mutter ディ **ムッター**	**das** Kind ダス **キント**	**die** Leute ディ **ロイテ**
2格 （〜の）	**des** Vaters デス **ファータース**	**der** Mutter デア **ムッター**	**des** Kindes デス **キンデス**	**der** Leute デア **ロイテ**
3格 （〜に）	**dem** Vater デム **ファーター**	**der** Mutter デア **ムッター**	**dem** Kind デム **キント**	**den** Leuten デン **ロイテン**
4格 （〜を）	**den** Vater デン **ファーター**	**die** Mutter ディ **ムッター**	**das** Kind ダス **キント**	**die** Leute ディ **ロイテ**

※定冠詞の格変化に伴い、男性・中性名詞は2格のみ語尾に-s/-esが付きます（女性名詞は語尾変化なし）。
※複数形の名詞は3格のみ語尾に-nが付きます（最初から語尾が-nの単語はそのまま）。

［定冠詞＋名詞］の格変化とその働きを、2つの例文で見てみましょう。

● 母は父の子どもを愛しています。

Die Mutter liebt das Kind des Vaters.

ディ **ムッター** リープト ダス **キント** デス **ファータース**

（その）母**は**　　愛する　（その）子ども**を**　（その）父**の**

1格　　　　　　　　　　　**4格**　　　　　**2格**

※4格の名詞（Kind）を修飾する2格の名詞（Vater）は、修飾される名詞のあとに置かれます。
※動詞は主語に応じて人称変化します（p.36参照）。liebtは動詞lieben［**リーベン**］の変化形です。

Die Mutterは1格（〜は）で主語、das Kindは4格（〜を）で直接目的語、des Vatersは2格（〜の）で所有を表します。

● 父は子どもを母に預けます。

Der Vater übergibt der Mutter das Kind.

デア **ファーター** ユーバー・**ギープト** デア **ムッター** ダス **キント**

（その）父**は**　　　預ける　　（その）母**に**　（その）子ども**を**

1格　　　　　　　　　　　**3格**　　　　　**4格**

※übergibtは動詞übergeben［**ユーバー・ゲーベン**］の変化形です。

Der Vaterは1格（〜は）で主語、der Mutterは3格（〜に）で間接目的語です。

27

不定冠詞

●名詞の性で変化する不定冠詞

　ドイツ語の不定冠詞は英語の「a」に当たり、初めて話題になる人や物に付けます。不定冠詞は名詞の性に対応しており、男性名詞には ein、女性名詞には eine、中性名詞には ein が付くのが基本です。複数形の名詞には不定冠詞は付きません。

●［不定冠詞＋名詞］の格変化

　不定冠詞も定冠詞と同様、文中での名詞の働きに応じて変化します。［不定冠詞＋名詞］の格変化を見てみましょう。

	単 数		
	男性名詞	女性名詞	中性名詞
	男	女	部屋
1格 （〜は、〜が）	**ein** Mann アイン　　マン	**eine** Frau アイネ　フラウ	**ein** Zimmer アイン　　ツィマー
2格 （〜の）	**eines** Mannes アイネス　　マネス	**einer** Frau アイナー　フラウ	**eines** Zimmers アイネス　　ツィマース
3格 （〜に）	**einem** Mann アイネム　マン	**einer** Frau アイナー　フラウ	**einem** Zimmer アイネム　　ツィマー
4格 （〜を）	**einen** Mann アイネン　マン	**eine** Frau アイネ　フラウ	**ein** Zimmer アイン　　ツィマー

※不定冠詞の格変化でも、男性名詞と中性名詞は2格のみ語尾に -s/-es が付きます。

　［不定冠詞＋名詞］の格変化とその働きを、例文で見てみましょう。

　ある男性がある女性の部屋を掃除します。

Ein Mann putzt ein Zimmer einer Frau.

アイン　　マン	プッツト	アイン　　ツィマー	アイナー　　フラウ
ある男性が	掃除する	（ある）部屋を	ある女性の
1格		4格	2格

28

次に、「男性」と「女性」の格を変えた例文も見てみましょう。

ある女性がある男性に部屋を貸します。

Eine Frau vermietet einem Mann ein Zimmer.

アイネ	フラウ	フェア・ミーテット	アイネム	マン	アイン	ツィマー

ある女性が　　　　　貸す　　　　ある男性に　　　　（ある）部屋を

1格　　　　　　　　　　　　　　　　**3格**　　　　　　　　**4格**

不定冠詞にkを付けた形になる否定冠詞 - - - - - - - - - - - 音声 **13**

　否定冠詞kein は英語の「no」に当たり、名詞の前に付けて否定文を作ります。単数形の格変化は、不定冠詞の格変化それぞれの語頭にkを付けた形になります。

	単数			複数
	男性名詞	女性名詞	中性名詞	性にかかわらず
1格 （〜は、〜が）	kein カイン	keine カイネ	kein カイン	keine カイネ
2格 （〜の）	keines カイネス	keiner カイナー	keines カイネス	keiner カイナー
3格 （〜に）	keinem カイネム	keiner カイナー	keinem カイネム	keinen カイネン
4格 （〜を）	keinen カイネン	keine カイネ	kein カイン	keine カイネ

私はコーヒーを飲みません。

Ich trinke keinen Kaffee.

イヒ	トリンケ	カイネン	カフェ

私は　　　　飲む　　　ない ＋ コーヒーを

4格

29

代名詞はその形から
文中での働きがわかる

人称代名詞

音声 14

英語の「I（私）」「you（あなた）」などに当たる名詞を人称代名詞と言います。ドイツ語では人を示すときだけでなく、物を示すときにも人称代名詞が使われます。

●人称代名詞の格変化

人称代名詞も［冠詞＋名詞］と同様、文中での働きに応じて格変化します。格には助詞の役割があるので、格変化した人称代名詞には助詞の役割も含まれます。

		一人称	二人称	三人称		
		私	あなた	彼	彼女	それ
単数	1格 （～は、～が）	ich イヒ	Sie ズィ	er エア	sie ズィ	es エス
	3格 （～に）	mir ミア	Ihnen イーネン	ihm イーム	ihr イーア	ihm イーム
	4格 （～を）	mich ミヒ	Sie ズィ	ihn イーン	sie ズィ	es エス
		私達	あなた達	彼ら、彼女ら、それら		
複数	1格 （～は、～が）	wir ヴィア	Sie ズィ	sie ズィ		
	3格 （～に）	uns ウンス	Ihnen イーネン	ihnen イーネン		
	4格 （～を）	uns ウンス	Sie ズィ	sie ズィ		

※2格の変化形はほとんど使われないので、上記の表では省略しています。
※「あなた・あなた達」の語頭は常に大文字で表記します。

所有代名詞

英語の「my（私の）」「your（あなたの）」などに当たり、人や物の所有者を示すのが所有代名詞です。

	一人称	二人称	三人称		
単数	私の **mein** マイン	あなたの **Ihr** イーア	彼の **sein** ザイン	彼女の **ihr** イーア	それの **sein** ザイン
複数	私達の **unser** ウンザー	あなた達の **Ihr** イーア	彼らの、彼女らの、それらの **ihr** イーア		

※「あなたの・あなた達の」の語頭は常に大文字で表記します。

●所有代名詞の格変化

所有代名詞は対象となる人や物の性・数・格によって変化します。mein（私の）の格変化は不定冠詞ein（p.28参照）と同じパターンです。格変化した所有代名詞にも助詞の役割が含まれます。

	単 数			複 数
	男性名詞	女性名詞	中性名詞	私の両親
	私の頭	私の手	私の家	
1格 （〜は、〜が）	**mein** Kopf マイン コップフ	**meine** Hand マイネ ハント	**mein** Haus マイン ハウス	**meine** Eltern マイネ エルターン
2格 （〜の）	**meines** Kopfes マイネス コップフェス	**meiner** Hand マイナー ハント	**meines** Hauses マイネス ハウゼス	**meiner** Eltern マイナー エルターン
3格 （〜に）	**meinem** Kopf マイネム コップフ	**meiner** Hand マイナー ハント	**meinem** Haus マイネム ハウス	**meinen** Eltern マイネン エルターン
4格 （〜を）	**meinen** Kopf マイネン コップフ	**meine** Hand マイネ ハント	**mein** Haus マイン ハウス	**meine** Eltern マイネ エルターン

※複数形は否定冠詞kein［カイン］（p.29参照）の複数形と同じパターンです。

前置詞は決まった格の名詞（代名詞）と結びつく

前置詞と格の組み合わせ

音声 16

　ドイツ語の前置詞は、その種類によって次にくる名詞、もしくは代名詞の格が決まっています。前置詞は、2格、3格、4格のいずれかに格変化した名詞（代名詞）と結びつきます。このことを格支配と言います。

※ここでは使用頻度の高い3格、4格の名詞（代名詞）と結びつくおもな前置詞を紹介します。

●前置詞 ＋ 3格または4格の名詞（代名詞）

　同じ前置詞でも、結びつく名詞が3格か4格かで、前置詞の示す意味が異なります。

	in イン	**auf** アウフ	**an** アン	**vor** フォア
3格	〜の中で	〜の上で	〜の脇で	〜の前で
4格	〜の中へ	〜の上へ	〜の脇へ	〜の前へ

動作の行われる場所や静止した状態を示す前置詞（〜で）には3格の名詞

Sie studiert **in der Bibliothek**.

ズィ　シュトゥ**ディー**アト **イン** 　**デア**　　ビブリオ**テーク**
〔3格〕

＝ 彼女は**図書館**で勉強しています。

動きの方向を示す前置詞（〜へ）には4格の名詞

Sie geht **in die Bibliothek**.

ズィ　**ゲー**ト　**イン**　ディ　　ビブリオ**テーク**
〔4格〕

＝ 彼女は**図書館**へ行きます。

●前置詞＋3格の名詞（代名詞）

aus
アウス

〜の中から

von
フォン

〜から、〜について

zu
ツー

〜へ

nach
ナーハ

〜へ、〜のあとで

bei
バイ

〜のところに

mit
ミト

〜と共に、〜で

Er kommt **aus dem Haus**.
エア　コムト　**アウス**　デム　ハウス
＝ 彼は**家**から出ます。　|3格|

Sie fährt **mit dem Fahrrad**.
ズィ　**フェーアト**　ミト　デム　**ファーラート**
＝ 彼女は**自転車**で行きます。　|3格|

●前置詞＋4格の名詞（代名詞）

für
フュア

〜のために

durch
ドゥルヒ

〜を通って

ohne
オーネ

〜なしで

um
ウム

〜の周りを、
〜に（時刻）

Ich suche ein Geschenk **für sie**.
イヒ　ズーヘ　アイン　ゲシェンク　**フュア**　ズィ
＝ **彼女**のためにプレゼントを探しています。　|4格|

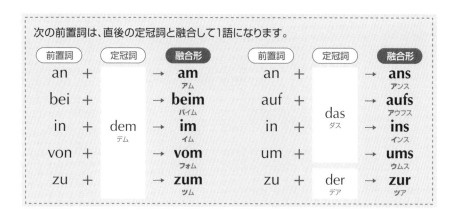

次の前置詞は、直後の定冠詞と融合して1語になります。

前置詞	定冠詞	融合形	前置詞	定冠詞	融合形
an ＋		→ **am** アム	an ＋		→ **ans** アンス
bei ＋		→ **beim** バイム	auf ＋	das ダス	→ **aufs** アウフス
in ＋	dem テム	→ **im** イム	in ＋		→ **ins** インス
von ＋		→ **vom** フォム	um ＋		→ **ums** ウムス
zu ＋		→ **zum** ツム	zu ＋	der デア	→ **zur** ツア

形容詞も名詞の性・数・格で変化する

形容詞の格変化

音声
17

　形容詞が名詞を修飾する場合、修飾される名詞の性・数・格によって形容詞の語尾が変化します。この変化は冠詞の種類によって異なります。

●定冠詞が付く場合

　形容詞は定冠詞と名詞の間に置き、語尾のほとんどは-enになります。

	単 数		
	+ 男性名詞	**+ 女性名詞**	**+ 中性名詞**
	gut (いい) +ワイン グート	**rot (赤い)** +花 ロート	**neu (新しい)** +家 ノイ
1格 (〜は、〜が)	der **gute** Wein デア グーテ ヴァイン	die **rote** Blume ディ ローテ ブルーメ	das **neue** Haus ダス ノイエ ハウス
2格 (〜の)	des **guten** Weines デス グーテン ヴァイネス	der **roten** Blume デア ローテン ブルーメ	des **neuen** Hauses デス ノイエン ハウゼス
3格 (〜に)	dem **guten** Wein デム グーテン ヴァイン	der **roten** Blume デア ローテン ブルーメ	dem **neuen** Haus デム ノイエン ハウス
4格 (〜を)	den **guten** Wein デン グーテン ヴァイン	die **rote** Blume ディ ローテ ブルーメ	das **neue** Haus ダス ノイエ ハウス

複 数			
jung (若い) +人々 ユング			
1格 (〜は、〜が)	die **jungen** Leute ディ ユンゲン ロイテ	3格 (〜に)	den **jungen** Leuten デン ユンゲン ロイテン
2格 (〜の)	der **jungen** Leute デア ユンゲン ロイテ	4格 (〜を)	die **jungen** Leute ディ ユンゲン ロイテ

※名詞が複数形になると、性がなくなります。

●不定冠詞が付く場合

不定冠詞が付く場合も定冠詞の場合と同様、語尾のほとんどは -en になります。

※不定冠詞は英語の「a」と同様、単数形のみに付きます。

単数		
＋男性名詞	＋女性名詞	＋中性名詞
neu (新しい) ＋スカート ノイ	**alt (古い)** ＋上着 アルト	**blau (青い)** ＋シャツ ブラウ
1格 （〜は、〜が）	ein **neuer** Rock アイン ノイアー ロック	eine **alte** Jacke アイネ アルテ ヤッケ	ein **blaues** Hemd アイン ブラウエス ヘムト
2格 （〜の）	eines **neuen** Rockes アイネス ノイエン ロッケス	einer **alten** Jacke アイナー アルテン ヤッケ	eines **blauen** Hemdes アイネス ブラウエン ヘムデス
3格 （〜に）	einem **neuen** Rock アイネム ノイエン ロック	einer **alten** Jacke アイナー アルテン ヤッケ	einem **blauen** Hemd アイネム ブラウエン ヘムト
4格 （〜を）	einen **neuen** Rock アイネン ノイエン ロック	eine **alte** Jacke アイネ アルテ ヤッケ	ein **blaues** Hemd アイン ブラウエス ヘムト

不定冠詞と変化が同じ所有代名詞

音声 18

形容詞の前に付くのが所有代名詞（p.31参照）の場合、形容詞の語尾変化は、不定冠詞が付く場合と同じです。［所有代名詞 ＋ 形容詞 ＋ 男性名詞］の例を見てみましょう。

単数
所有代名詞 ＋ 形容詞 ＋ 男性名詞
私の＋ **neu (新しい)** ＋スカート ノイ
1格 （〜は、〜が）	mein **neuer** Rock マイン ノイアー ロック
2格 （〜の）	meines **neuen** Rockes マイネス ノイエン ロッケス
3格 （〜に）	meinem **neuen** Rock マイネム ノイエン ロック
4格 （〜を）	meinen **neuen** Rock マイネン ノイエン ロック

※形容詞に否定冠詞 kein［カイン］（p.29参照）が付く場合も、同様に語尾変化します。

動詞は主語によって人称変化する

動詞の人称変化

音声19

　動詞は主語の人称・数に応じて、その形が変わります。これを動詞の人称変化と言い、規則的な変化パターンがあるものと、不規則に変化するものがあります。また、変化前の動詞の形（原形）は不定形と呼ばれます。

●規則動詞

　規則的に人称変化するのが規則動詞。その変化パターンは大多数の動詞に共通です。「学ぶ」という意味の動詞 lernen（レルネン）を例に、現在形の変化形を見てみましょう。

lernen
（学ぶ）

		単数		複数	
一人称	（私は）ich イヒ	**lerne** レルネ	（私達は）wir ヴィア	
二人称	（あなたは）Sie ズィ	**lernen** レルネン	（あなた達は）Sie ズィ	**lernen** レルネン
三人称	（彼は）er エア （彼女は）sie ズィ （それは）es エス	**lernt** レルント	（彼らは） （彼女らは）sie ズィ （それらは）	

　どの人称・数でも、語幹（単語の中で常に変化しない部分）lern のあとの語尾だけが -e/-en/-t と変化しています。

※語幹が -d/-t などで終わる動詞は、三人称単数で語尾が -et になります。例えば、arbeiten［アルバイテン］（働く）の三人称単数形は arbeitet［アルバイテット］です。

●不規則動詞

いくつかの重要な動詞は、主語に応じて不規則に人称変化します。次の
sein、haben、werdenはよく使う動詞なので、変化形をしっかり覚えま
しょう。

sein
（〜である）

単 数			複 数	
一人称	ich イヒ	**bin** ビン	wir ヴィア	**sind** ズィント
二人称	Sie ズィ	**sind** ズィント	Sie ズィ	
三人称	er/sie/es エア ズィ エス	**ist** イスト	sie ズィ	

haben
（持っている）

単 数			複 数	
一人称	ich イヒ	**habe** ハーベ	wir ヴィア	**haben** ハーベン
二人称	Sie ズィ	**haben** ハーベン	Sie ズィ	
三人称	er/sie/es エア ズィ エス	**hat** ハット	sie ズィ	

werden
（〜になる）

単 数			複 数	
一人称	ich イヒ	**werde** ヴェルデ	wir ヴィア	**werden** ヴェルデン
二人称	Sie ズィ	**werden** ヴェルデン	Sie ズィ	
三人称	er/sie/es エア ズィ エス	**wird** ヴィルト	sie ズィ	

　不規則動詞の複数形も規則動詞と同様、基本的に不定形と同じ形にな
ります。但し、seinは語幹から形が変わり、複数形も不定形と違う形になり
ます。

※おもな規則/不規則動詞の人称変化形はp.136〜137にまとめてあります。

動詞は文頭から2番目に置くのが基本

語順

音声 20

ドイツ語の基本的な文型を、動詞の位置を中心に見ていきましょう。

●平叙文

動詞は常に文頭から2番目の位置に置かれます。主語以外の単語が文頭にくる場合、主語は3番目の位置に置かれます。

①一般的な平叙文

主語	動詞	副詞	目的語
Ich	habe	jetzt	Zeit .
イヒ	ハーベ	イェット	ツァイト
私は	持っている	今	時間を

= 私は今、時間があります。

②副詞が文頭にくる場合

副詞	動詞	主語	目的語
Jetzt	habe	ich	Zeit .
イェット	ハーベ	イヒ	ツァイト

= 今、私は時間があります。

③目的語が文頭にくる場合

目的語	動詞	主語	副詞
Zeit	habe	ich	jetzt .
ツァイト	ハーベ	イヒ	イェット

= 時間なら私は今あります。

※このように、語順を替えて表現できるのがドイツ語の特徴。意味上は文頭にくる単語が強調されます。

●否定文

否定文には、英語の「not」に当たる否定詞 nicht（ニヒト）を使います。

①一般的な否定文

主語	動詞	目的語	否定詞
Ich	**verstehe**	**Sie**	**nicht** .
イヒ	フェア・シュテーエ	ズィ	ニヒト
私は	理解する	あなたを	～ない

※一般的な動詞を否定する場合、原則として nicht は文末に置きます。

＝ あなたの言っていることがわかりません。

②前置詞を伴う語句や状態を表す副詞がある場合

※この場合、否定詞は前置詞や副詞の前に置きます。

主語	動詞	否定詞	前置詞	3格の名詞
Sie	**wohnt**	**nicht**	**in**	**Deutschland** .
ズィ	ヴォーント	ニヒト	イン	ドイチュラント
彼女は	住む	～ない	～に	ドイツ

＝ 彼女はドイツには住んでいません。

名詞を否定して否定文を作る場合、定冠詞付きの名詞には否定詞 nicht を使います。

Ich kenne den Professor nicht.（私はその教授を知りません）
　イヒ　　ケネ　　デン　　プロフェソーア　　ニヒト

不定冠詞付きや無冠詞の名詞には否定冠詞 kein［カイン］(p.29参照) を使います。

Ich habe heute keine Zeit.（私は今日、時間がありません）
　イヒ　　ハーベ　　ホイテ　　カイネ　　ツァイト

●疑問文

「はい」か「いいえ」で答える（疑問詞を使わない）疑問文では、動詞を文頭に置き、次に主語を続けて、文末には「?」を付けます。

動詞	主語	副詞	目的語
Haben	**Sie**	**heute**	**Zeit** ?
ハーベン	ズィ	ホイテ	ツァイト
持っている	あなたは	今日	時間を

＝ あなたは今日、時間がありますか?

39

目的語によって分類される動詞

動詞の種類

音声 21

ドイツ語の動詞は、大きく他動詞と自動詞の2つに分類されます。

●他動詞

ドイツ語では4格の直接目的語をとる動詞を他動詞と呼びます。他動詞 haben（ハーベン）を使った例を見てみましょう。

	他動詞	直接目的語（4格）	
Er	hat	zwei Kinder	.
エア	ハット	ツヴァイ　　キンダー	
	持っている	2人の子どもを	

= 彼は子どもが2人います。

3格の間接目的語と4格の直接目的語をとる動詞もあります。他動詞 geben（ゲーベン）の例を見てみましょう。

	他動詞	間接目的語（3格）	直接目的語（4格）	
Ich	gebe	ihr	ein Geschenk	.
イヒ	ゲーベ	イーア	アイン　　ゲシェンク	
	与える	彼女に	プレゼントを	

= 私は彼女にプレゼントを贈ります。

●自動詞

目的語を必要としない動詞や、sein（ザイン）（〜である）、werden（ヴェルデン）（〜になる）などの他、3格の間接目的語をとる動詞も自動詞に分類されます。3格の目的語をとる自動詞 danken（ダンケン）の例を見てみましょう。

	自動詞	間接目的語（3格）	
Ich	danke	Ihnen	.
イヒ	ダンケ	イーネン	
	感謝する	あなたに	

= ありがとうございます。

基礎となる動詞に、英語の接頭辞に当たる前つづり（前置詞、副詞など）が付き、その部分にアクセントが置かれるのが分離動詞です。前置詞 ab と an の前つづりが付いた分離動詞を見てみましょう。

前つづり
abfahren（出発する）
アブ・ファーレン

前つづり
ankommen（到着する）
アン・コメン

●人称変化する場合は2つに分かれる

分離動詞が主語によって人称変化する場合、基礎となる部分は普通の動詞と同様、文の2番目に置き、前つづりは離して文末に置きます。

Ich **fahre** heute **ab**. ＝ 私は今日**出発します**。
イヒ　**ファー**レ　ホイテ　**アブ**

Der Zug **kommt** planmäßig **an**. ＝ 列車は定刻どおり**到着します**。
デア　**ツー**ク　コムト　プ**ラー**ン・メースィヒ　**アン**

※der Zug（列車）は［定冠詞＋名詞］で1つと考え、基礎部分 kommen の人称変化形 kommt は文の2番目とみなします。

●助動詞が使われる場合はそのまま

助動詞が使われる文では、普通の動詞と同様、前つづりが付いたままの不定形（原形）で文末に置きます。

助動詞（予定・推量）
Ich **werde** morgen **abfahren**. ＝ 私は明日**出発する予定です**。
イヒ　**ヴェル**デ　モルゲン　**アブ・ファー**レン

助動詞（義務）
Der Zug **muss** planmäßig **ankommen**.
デア　**ツー**ク　**ム**ス　プ**ラー**ン・メースィヒ　**アン・コメン**

＝ 列車は定刻どおり**到着しなければなりません**。

※助動詞についての概要はp.42〜43を参照してください。
TEIL 4（第4章）にも詳しい説明があります。

助動詞も主語によって人称変化する

動詞にニュアンスを加える助動詞

音声 23

　動詞の意味に主観的なニュアンスを加える助動詞のことを、話法の助動詞と言います。ドイツ語には話法の助動詞が6つあります。

●話法の助動詞の人称変化

　話法の助動詞も主語に応じて人称変化します。二人称単数 Sie（ズィ）（あなた）と、すべての人称の複数形が不定形（原形）と同じなのは、動詞の変化と同様です。一人称と三人称の単数形は同形で、ほとんどは不定形の母音が変わります。

　では、それぞれの助動詞の人称変化を見てみましょう。

können（～できる）

	単数		複数	
一人称	ich イヒ	**kann** カン	wir ヴィア	
二人称	Sie ズィ	**können** ケネン	Sie ズィ	**können** ケネン
三人称	er エア／sie ズィ／es エス	**kann** カン	sie ズィ	

dürfen（～してもよい）

	単数		複数	
一人称	ich イヒ	**darf** ダルフ	wir ヴィア	
二人称	Sie ズィ	**dürfen** デュルフェン	Sie ズィ	**dürfen** デュルフェン
三人称	er エア／sie ズィ／es エス	**darf** ダルフ	sie ズィ	

mögen
（〜かもしれない）

	単 数		複 数	
一人称	ich イヒ	**mag** マーク	wir ヴィア	
二人称	Sie ズィ	**mögen** メーゲン	Sie ズィ	**mögen** メーゲン
三人称	er エア sie ズィ es エス	**mag** マーク	sie ズィ	

müssen
（〜しなければならない）

	単 数		複 数	
一人称	ich イヒ	**muss** ムス	wir ヴィア	
二人称	Sie ズィ	**müssen** ミュッセン	Sie ズィ	**müssen** ミュッセン
三人称	er エア sie ズィ es エス	**muss** ムス	sie ズィ	

sollen
（〜すべきである）

	単 数		複 数	
一人称	ich イヒ	**soll** ゾル	wir ヴィア	
二人称	Sie ズィ	**sollen** ゾレン	Sie ズィ	**sollen** ゾレン
三人称	er エア sie ズィ es エス	**soll** ゾル	sie ズィ	

wollen
（〜したい）

	単 数		複 数	
一人称	ich イヒ	**will** ヴィル	wir ヴィア	
二人称	Sie ズィ	**wollen** ヴォレン	Sie ズィ	**wollen** ヴォレン
三人称	er エア sie ズィ es エス	**will** ヴィル	sie ズィ	

※主語以外の者の意思を表します。

●語順

助動詞は文頭から2番目の位置に置かれ、本来2番目にあった動詞は不定形にして文末に移動します。

主語	助動詞	目的語	動詞	
Sie ズィ	kann カン	Deutsch ドイチュ	sprechen シュプレッヒェン .	＝ 彼女はドイツ語が話せます。
彼女は	〜できる	ドイツ語	話す	

※疑問文では、助動詞を文頭に置き、次に主語を続けて、文末には「?」を付けます。

基本ルール⑩ 接続法

丁寧に要望を伝える 接続法第2式

接続法第2式の人称変化

音声 24

　ドイツ語の接続法には、間接話法で使われる第1式と、要望を婉曲に伝える第2式があります。ここではよく使う第2式について説明します。

●動詞の接続法第2式

　動詞を接続法第2式の人称変化形にして使うと、婉曲表現になります。相手に丁寧に要望を伝えたいときなどに使えます。使用頻度の高い3つの動詞の人称変化と、用例を見てみましょう。

			～である	持っている	～になる
			sein ザイン	haben ハーベン	werden ヴェルデン
単数	一人称	ich イヒ	**wäre** ヴェーレ	**hätte** ヘッテ	**würde** ヴュルデ
	二人称	Sie ズィ	**wären** ヴェーレン	**hätten** ヘッテン	**würden** ヴュルデン
	三人称	er/sie/es エア ズィ エス	**wäre** ヴェーレ	**hätte** ヘッテ	**würde** ヴュルデ
複数	一～三人称	wir/Sie/sie ヴィア ズィ ズィ	**wären** ヴェーレン	**hätten** ヘッテン	**würden** ヴュルデン

Das **wäre** besser. = それがいいでしょう。
　ダス　　ヴェーレ　　ベッサー

※dasは英語の「it」に当たる指示代名詞です。

Ich **hätte** eine Bitte an Sie.
　イヒ　ヘッテ　アイネ　ビッテ　アン　ズィ
= あなたにお願いがあるのですが。

※habenの接続法第2式を使った「～したい」「～がほしい」という表現です。

●助動詞の接続法第2式

　話法の助動詞を接続法第2式の人称変化形にして使うと、動詞に可能・許可・義務などのニュアンスを加えるだけでなく、とても丁寧な表現になります。6つの助動詞の人称変化と、用例を見てみましょう。

		～できる	～しても よい	～かも しれない	～しなければ ならない	～すべき である	～したい
		können ケネン	**dürfen** デュルフェン	**mögen** メーゲン	**müssen** ミュッセン	**sollen** ゾレン	**wollen** ヴォレン
単数	一人称 ich イヒ	**könnte** ケンテ	**dürfte** デュルフテ	**möchte** メヒテ	**müsste** ミュステ	**sollte** ゾルテ	**wollte** ヴォルテ
	二人称 Sie ズィ	**könnten** ケンテン	**dürften** デュルフテン	**möchten** メヒテン	**müssten** ミュステン	**sollten** ゾルテン	**wollten** ヴォルテン
	三人称 er/sie/es エア ズィ エス	**könnte** ケンテ	**dürfte** デュルフテ	**möchte** メヒテ	**müsste** ミュステ	**sollte** ゾルテ	**wollte** ヴォルテ
複数	一～三人称 wir/Sie/sie ヴィア ズィ ズィ	**könnten** ケンテン	**dürften** デュルフテン	**möchten** メヒテン	**müssten** ミュステン	**sollten** ゾルテン	**wollten** ヴォルテン

Könnten Sie bitte langsam sprechen?
ケンテン　　　ズィ　ビッテ　　ラングザーム　　シュプレッヒェン
＝ ゆっくり話していただけますか？

Was **möchten** Sie?
ヴァス　　メヒテン　　ズィ
＝ 何をさしあげましょうか？（あなたは何がお望みですか？）

Ich **möchte** ein Glas Bier.
イヒ　　メヒテ　　アイン　グラース　ビーア
＝ ビールを1杯ください。

Sie **sollten** zum Arzt gehen.
ズィ　ゾルテン　　ツム　アールツト　ゲーエン
＝ あなたは医者へ行ったほうがいいでしょう。

おさらい練習問題

① 次の名詞に付く適切な定冠詞（der、die、das のいずれか）を空欄に記入してください。

1. ☐ Auto（自動車）　4. ☐ Januar（1月）

2. ☐ Frau（女性）　5. ☐ Straße（通り）

3. ☐ Haus（家）　6. ☐ Tisch（机）

② 次の名詞の複数形を空欄に記入してください。

単数形		複数形
1. die Blume（花）	→ die	☐
2. das Buch（本）	→ die	☐
3. das Café（カフェ）	→ die	☐
4. der Gast（客）	→ die	☐
5. das Kind（子ども）	→ die	☐
6. das Zimmer（部屋）	→ die	☐

③ 次の形容詞の適切な変化形を空欄に記入してください。

1. gut → der ［　　　　　　　］ Wein
   （いい）
   = いいワイン

2. rot → die ［　　　　　　　］ Blume
   （赤い）
   = 赤い花

3. jung → die ［　　　　　　　］ Leute
   （若い）
   = 若い人々

4. neu → ein ［　　　　　　　］ Rock
   （新しい）
   = 新しいスカート

5. alt → eine ［　　　　　　　］ Jacke
   （古い）
   = 古い上着

6. blau → ein ［　　　　　　　］ Hemd
   （青い）
   = 青いシャツ

正解： ① 1. das 2. die 3. das 4. der 5. die 6. der
　　　② 1. Blumen 2. Bücher 3. Cafés 4. Gäste 5. Kinder 6. Zimmer
　　　③ 1. gute 2. rote 3. jungen 4. neuer 5. alte 6. blaues

豆知識 一度は訪れたいクリスマスマーケット

　お祭り好きのドイツでは、一年を通じてさまざま祭りやイベントが開催されています。春を呼ぶカーニバル、秋の収穫の季節に行われるオクトーバーフェストと呼ばれるビールの祭り、そして冬の風物詩クリスマスマーケットなどがあります。このクリスマスマーケットは、ドイツ各地で11月末からクリスマスイブまで開催されます。なかでも、三大クリスマスマーケットと呼ばれる「世界一有名なニュルンベルク」、「世界最大のシュトゥットガルト」、「世界最古のドレスデン」は、一度は訪れてみたいマーケットです。

　いずれのクリスマスマーケットの会場にも美しいイルミネーションが光り輝き、ロマンティックな雰囲気を醸し出します。マーケットの屋台には、かわいらしいクリスマスのオーナメントやおもちゃを中心に、クリスマスクッキーや焼きソーセージなどが並び、多くの観光客や地元の人達で終日賑わいます。

　寒さの厳しい冬のドイツのマーケットを訪れるには、頭から足先まで相当な防寒が必要です。屋台ではグリューワインと呼ばれる、この季節ならではのホットワインも売っています。このワインには柑橘類やスパイスが使われていて、体が芯から温まります。

　寒いのが苦手という方には、中世の町並みが残るドイツ・ロマンティック街道のローテンブルクがおすすめ。ここには、一年中クリスマス用品を扱うお店「クリスマス・ビレッジ」があり、季節を問わずクリスマス気分が味わえます。

そのまま覚える！
カタコトフレーズ

音声
25

あいさつ

　ドイツでは買い物や食事などの際、まずお店の人とあいさつをかわすのが基本です。時間帯や状況での使い分けを覚えましょう。

💬 おはようございます!
Guten Morgen!
　　グーテン　　　　モルゲン
※Morgenは「朝」という意味です。

> 朝起きてから9時くらいまでの時間帯に使います。

💬 こんにちは!
Guten Tag!
　　グーテン　　　ターク
※Tagは「昼間」という意味です。

> 朝から夕方まで幅広い時間帯に使える、あいさつの基本です。

💬 やあ!
Hallo!
　　ハロー

> カジュアルなあいさつ。電話のときの「もしもし」という表現にも使われます。

💬 こんばんは!
Guten Abend!
　　グーテン　　　アーベント
※Abendは「晩」という意味です。

> 夕方から夜にかけて使います。

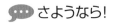 さようなら！

Auf Wiedersehen!

アウフ　　　　ヴィーダー・ゼーエン

このあとに［前置詞bis（〜まで）＋ 再会する日時］を続けると、別れ
のあいさつのバリエーションが広がります。

Auf Wiedersehen,
アウフ　　　　ヴィーダー・ゼーエン

（さようなら）

┬ bis bald!（またあとで！）
　ビス　　バルト

├ bis morgen!（また明日！）
　ビス　　　モルゲン

└ bis nächste Woche!
　ビス　　　ネーヒステ　　　ヴォッヘ

（また来週！）

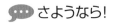 おやすみなさい！

Gute Nacht!

グーテ　　　　　ナハト

※Nachtは「夜」と
いう意味です。

> 夜、別れるときに使う
> あいさつです。

豆知識 **丁寧なあいさつ**

あいさつのあとに相手の名前を添えると、より丁寧な表現になります。

Guten Tag, **Herr Meyer**!（マイヤーさん、こんにちは！）

グーテン　　タ―ク　　ヘア　　マイヤー

※Herrは男性に対する敬称です。女性に対してはFrau［フラウ］を名前の前に付けます。

自己紹介

　自己紹介をするときは、まず自分の名前を伝え、次に相手の名前を尋ねてから「はじめまして」とあいさつをするのが基本です。

💬 私はサトウエミコといいます。

Ich heiße Emiko Sato.
イヒ　　ハイセ　　エミコ　　サトー

> 「〜という名前である」という意味の動詞
> heißen［ハイセン］を使った表現です。

💬 あなたは何という名前ですか?

Wie heißen Sie?
ヴィー　　ハイセン　　ズィ

> 疑問詞wie（どのように）
> を使った表現です。

💬 あなたの名前は何といいますか?

Wie ist Ihr Name?
ヴィー　イスト　イーア　　ナーメ

💬 あなたの趣味は何ですか?

Welche Hobbys haben Sie?
ヴェルヒェ　　　ホビース　　　ハーベン　　ズィ

> 疑問詞welch（どれ）を
> 使った表現です。

💬 はじめまして。

Freut mich.
フロイト　　　　ミヒ

「喜ばせる」という意味の動詞 freuen [フロイエン] を使った、あいさつの決まり文句です。

💬 （あなたは）お元気ですか?

Wie geht es Ihnen?
ヴィー　　　**ゲート**　　エス　　**イーネン**

💬 はい、おかげさまで元気です。あなたは?

Danke, es geht mir gut.
ダンケ　　　エス　**ゲート**　　ミア　　**グート**

Und Ihnen?
ウント　　**イーネン**

• •

💬 あなたの職業は何ですか?

Was sind Sie von Beruf?
ヴァス　　**ズィント**　　ズィ　　フォン　　　ベルーフ

※vonは「～について」という意味の前置詞。
Berufの意味は「職業」です。

疑問詞 was（何）を使った表現です。

音声 27

おれとおわび

お礼とおわびの表現は、相手に言われたときに返す言葉もセットで覚えておきましょう。

💬 ありがとう。

Danke.
ダンケ

このあとに形容詞 schön（心からの）を添えると、
感謝の気持ちがより伝わります。

Danke schön.（ありがとうございます）
ダンケ　　　シェーン

※本来は「美しい」という意味の schön ですが、
あいさつでは「心からの」という意味になります。

💬 どういたしまして。

Bitte schön. /
ビッテ　　　シェーン

> 英語の「please」に当たる
> bitte が使われています。

Bitte sehr.
ビッテ　　　ゼーア

💬 ありがとうございます。

Vielen Dank.
フィーレン　　　ダンク

> 形容詞 viel［フィール］（たくさん
> の）を使った表現です。

※ Dank は「感謝」という意味の名詞です。

心から感謝申し上げます。

Herzlichen Dank.
ヘルツリヒェン　　　　ダンク

形容詞 herzlich [ヘルツリヒ]（心からの）を使った、とても丁寧な表現です。

 ごめんなさい。

Entschuldigen Sie, bitte.
エント・**シュ**ルディゲン　　　　ズィ　　　ビッテ

※英語の「I'm sorry.」とほぼ同じ表現です。

「許す」という意味の動詞 entschuldigen を使った表現です。

 何でもないですよ。

Das macht nichts.
ダス　　　**マ**ハト　　　ニヒツ

※macht は「する、作る」という意味の動詞 machen [マッヘン] の人称変化形。nichts は「何も～ない」という意味の代名詞です。

「たいしたことありませんよ」というニュアンスの決まり文句です。

 すみません。

Entschuldigung.
エント・**シュ**ルディグング

やや軽いおわびの表現。呼びかけの言葉としても使われます。

※英語の「Excuse me.」と同じ表現です。

返事・意思を伝える

自分の意思を明確に伝えることはとても大切です。肯定・否定の返事の他、会話の合間に使えるあいづち表現も覚えておきましょう。

💬 はい。

Ja.
ヤー

💬 いいえ。

Nein.
ナイン

相手の申し出を断る場合は、必ずdankeを
ダンケ
添えてください。丁寧な表現になります。

Nein, danke. (いいえ、結構です)
ナイン　　　ダンケ

💬 わかりました。

Ich verstehe.
イヒ　　フェア・シュテーエ

「理解する」という意味の動詞
verstehen [フェア・シュテーエン]
を使った表現です。

💬 わかりません。

Ich verstehe nicht.
イヒ　　フェア・シュテーエ　　ニヒト

否定詞nichtを使った
表現です。

その通りです。

Das stimmt.
ダス　　　シュ**ティ**ムト

「(事実に)合っている」という
意味の動詞 stimmen [シュ**ティ**
メン] を使った表現です。

😀 その通り。

Genau.
ゲ**ナ**ウ

「まさに」という意味の副詞
genau を使った表現です。

😀 もちろん。

Natürlich.
ナ**テュ**ーリヒ

😀 オーケー。

O.K.
オ**ケ**ー

😀 なるほど。

Ach, so.
アハ　　**ゾ**ー

😀 本当?

Wirklich?
ヴィルクリヒ

感情を伝える

　シンプルな感嘆表現を覚えましょう。作り方は形容詞に感嘆符「!」を付けるだけなので、とても簡単です。

💬 素晴らしい!
Fantastisch!
ファン**タ**スティッシュ

💬 すてき!
Toll!
トル

💬 お見事!
Bravo!
ブ**ラ**ーヴォ

💬 とても美しいですね!
Sehr schön!
ゼーア　　**シェ**ーン

※p.54でschönは「心からの」という意味でしたが、ここでは本来の「美しい」という意味です。

> 「とても、非常に」という意味の副詞sehrを使った表現です。

💬 おもしろいですね!
Lustig!
ルスティヒ

lustigは「愉快な、楽しい」という意味の形容詞です。

💬 おもしろいですね!
Interessant!
インテレサント

interessantは「興味深い」という意味の形容詞です。

💬 おいしい!
Lecker!
レッカー

💬 ひどい!
Wie schrecklich!
ヴィー　　　　シュレックリヒ

💬 とても残念です!
Sehr schade!
ゼーア　　　シャーデ

💬 信じられない!
Unglaublich!
ウン・グラウプリヒ

尋ねる

　疑問詞を使って尋ねる便利な表現を紹介します。疑問詞については次の章で詳しく説明しますので、ここではそのまま覚えてしまいましょう。

💬 それは何ですか?

Was ist das?

ヴァス　イスト　ダス

> 疑問詞was（何）を使った表現です。

※dasは「それ」という意味の指示代名詞です。

💬 それはどういう意味ですか?

Was bedeutet das?

ヴァス　　　　ベドイテット　　　　ダス

※bedeutetは「意味する」という意味の動詞bedeuten [ベドイテン] の人称変化形です。

💬 いくらですか?

Was kostet das?

ヴァス　　　コステット　　　ダス

※kostetは「～の値段である」という意味の動詞kosten [コステン] の人称変化形です。

💬 電車はいつ来ますか?

Wann kommt der Zug?

ヴァン　　　　コムト　　　デア　　　ツーク

※kommtは「来る」という意味の動詞kommen [コメン] の人称変化形です。

> 疑問詞wann（いつ）を使った表現です。

💬 ここはどこですか？

Wo bin ich hier?

ヴォー　　　ビン　　イヒ　　ヒーア

疑問詞 wo（どこ）を使った表現です。

※hierは「ここ」という意味の副詞です。

💬 トイレはどこですか？

Wo ist die Toilette?

ヴォー　イスト　ディ　　　トイレッテ

💬 何と言いましたか？

Wie bitte?

ヴィー　　　ビッテ

疑問詞 wie（どのように）を使った表現。相手の言ったことが聞き取れなかったら、こう尋ねましょう。

※Bitte?だけでも同じ意味で「えっ?」と聞き返すのに使えますが、語尾を上げて発音しないと、別の意味（肯定の「はい」など）にとられます。

💬 地下鉄の駅にはどうやって行けますか？

Wie komme ich zur

ヴィー　　　　コメ　　　　イヒ　　　ツア

U-Bahnstation?

ウーバーン・シュタツィオーン

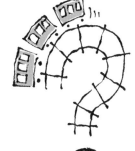

💬 今、何時ですか？

Wie spät ist es jetzt?

ヴィー　　シュペート　イスト　エス　イェッツト

※[wie＋形容詞spät]で「どのくらい（時刻などが）遅い」となり、疑問文で時刻を尋ねる定型句を作ります。

日本とちょっと異なるドイツのマナー

　ドイツでは、他人のテリトリー（住居はもちろん、レストランやお店など）に入るときは、あいさつを交わすというルールが広く一般化しています。日本ではレストランやお店に入ると、店員から先に「いらっしゃいませ!」と声をかけてくれますが、ドイツの場合はまず客側から「Guten Tag!（こんにちは!）」と声をかけるのが一般的です（デパートなどの大規模店の場合は除きます）。スーパーでもレジ係の人とあいさつを交わすのが普通です。あいさつはしっかり相手の目を見ながら行いましょう。そしてお店を出るときも「Auf Wiedersehen!（さようなら!）」のあいさつを忘れずに。

　また、ドイツではパブリックな空間と、個人のプライベートな空間とでは、許容される言動が明確に区別されており、公共の場では大人としての振る舞いが求められます。特にレストランなどの商業施設や公共交通機関では、公的なスペースであるという意識が強く、大声での会話や、子どもが大きな声を出したり、歩き回ったりすることはマナー違反になります。

　日本とは大きく違うマナーの例を挙げると、ドイツでは他人の面前でのオナラはそれほど嫌がられませんが、ゲップは御法度。また、人前で鼻をかむことは問題ありませんが、鼻をすすることは周りの人にとても嫌われる行為です。

　日本の商業施設や飲食店では自動ドアが当たり前ですが、ドイツでは自動ドアが少ないため、開閉の際は後続の人が出入りしやすいようにドアを押さえておくのが基本マナーです。また、エレベーターなどの乗り降りは、欧米一般のマナーとしてドイツでもレディーファーストです。

マスターしたい!
基本フレーズ

4つの **動詞** + 6つの **助動詞** + 6つの **疑問詞** で会話力を身につけよう！

この章では、ドイツ語で重要な動詞、助動詞、疑問詞を取り上げて説明しています。

動詞は4つ、助動詞と疑問詞はそれぞれ6つずつマスターするだけで、日常会話で便利に使えるさまざまな表現がしっかり身につきます。

では、実際にどのような動詞、助動詞、疑問詞を覚えるのか、その概要を見てみましょう。

いろいろ使える4つの動詞

使用頻度の高い4つの動詞とその使い方を学習します。

sein
ザイン
= ～である
英語の be動詞
※人の紹介や、物の説明に使います。

geben
ゲーベン
= 与える
英語の「give」
※注文するときや、存在の表現に使います。

haben
ハーベン
= 持っている
英語の「have」
※所有していることを表します。

werden
ヴェルデン
= ～になる
英語の「become」
※状況・状態の変化を表します。

覚えて便利な6つの助動詞

p.42〜43で話法の助動詞の基礎を学びましたが、この章では話法の助動詞を含む重要な助動詞の使い方を学習します。

können
ケネン
を使って
↓
= ～してもよい
英語の「can」

dürfen
デュルフェン
を使って
↓
= ～してもよい
英語の「may」

wollen
ヴォレン
を使って
↓
= ～したい
英語の「will」

möchte
メヒテ
を使って
↓
= ～したい
英語の「would like to」

müssen
ミュッセン
を使って
↓
= ～しなければ
ならない
英語の「must」

werden
ヴェルデン
を使って
↓
= ～だろう
英語の「will」

押さえておきたい6つの疑問詞

ドイツ語にも英語の5W1Hに当たる6大疑問詞があります。

was
ヴァス
= 何
英語の「what」

wann
ヴァン
= いつ
英語の「when」

warum
ヴァルム
= なぜ
英語の「why」

wo
ヴォー
= どこ
英語の「where」

wer
ヴェア
= 誰
英語の「who」

wie
ヴィー
= どのように
英語の「how」

sein

ザイン

〜である

動詞seinは英語のbe動詞に当たり、「〜である」という意味です。この動詞はさまざまなシチュエーションで使われます。

音声
31 **基本フレーズ①** ・・・・・・・・・・・・・・・・・・・

私は日本人です。

seinの一人称単数

私は	〜である	日本人（男性）
Ich	**bin**	**Japaner** .
イヒ	ビン	ヤパーナー

※Japanerは男性の場合。女性ならJapanerin[ヤパーナリン]です。

seinは主語の人称と数によって、次のように不規則変化します。

	単 数		複 数	
一人称	ich（私は）	**bin** ビン	wir（私達は）	**sind** ズィント
二人称	Sie（あなたは）	**sind** ズィント	Sie（あなた達は）	
三人称	er/sie/es （彼は/彼女は/それは）	**ist** イスト	sie（彼らは/ 彼女らは/それらは）	

※一般にsein、haben [ハーベン] (p.74参照) など、よく使われる動詞は、ほとんどが不規則変化します。

自分や友人を紹介する

[人称代名詞（ich、er、sieなど）＋seinの人称変化形]のあとに、名前、職業、出身などを添えれば、自分や友人などを紹介するのに使えます。

Ich bin Mariko Takamura.
イヒ　　ビン　　　マリコ　　　　　タカムラ

＝ 私はタカムラマリコです。

出身や職業など、人の属性を表す単語は、男性と女性で語尾が異なります。単語の多くは男性の場合、語尾が-erで、女性の場合はさらに-inが付きます。

Er ist Lehrer.
エア イスト　レーラー

＝ 彼は先生（男性）です。

Sie ist Lehrerin.
ズィ イスト　　レーラリン

＝ 彼女は先生（女性）です。

※国籍、職業、身分などを示す単語には冠詞が付きません。

関連語句

□ 生徒
　Schüler 男 /Schülerin 女
　シューラー　　　　シューラリン

□ 音楽家
　Musiker 男 /Musikerin 女
　ムーズィカー　　　　ムーズィカリン

ミニ会話

音声 32

 あなたはドイツ人（女性）ですか？
Sind Sie Deutsche?
ズィント　ズィ　　　ドイチェ

 いいえ、私はオーストリア人（女性）です。
Nein, ich bin Österreicherin.
ナイン　　イヒ　ビン　　エスター・ライヒャリン

※「ドイツ人」は女性の場合、語尾が-inではないので注意。男性の場合はDeutscher[ドイチャー]。

基本フレーズ②

こちらはシュミットさんです。

seinの三人称単数

こちらは	～である	シュミットさん
Das	**ist**	**Herr Schmidt** .
ダス	イスト	ヘア　　シュミット

※Herrは男性に対する敬称です。女性に対してはFrau［フラウ］を名前の前に付けます。

人の紹介や物の説明に使う

　［指示代名詞das＋ist/sind（seinの人称変化形）］は、人を紹介したり、その物が何かを説明するのに使われる表現です。

Das sind meine Eltern.
ダス　　ズィント　　　マイネ　　　エルターン

= こちらは私の両親です。

※Eltern（両親）は複数形なので、seinは複数の変化形sindになります。

Das ist mein Reisekoffer.
ダス　イスト　　マイン　　　　ライゼ・コッファー

= これは私のスーツケースです。

Das ist eine Brezel.
ダス　イスト　アイネ　　ブレーツェル

= これはプレッツェルです。

★Brezelとは、8の字型をしたドイツ名物の堅いパンです。

これはミヒャエル・エンデの本ですか？

Ist das ein Buch von
イスト ダス アイン ブーフ フォン

Michael Ende?
ミヒャエル エンデ

★ミヒャエル・エンデは『はてしない物語』『モモ』で有名なドイツの児童文学作家です。

※vonは3格の名詞と結びつく前置詞（p.33参照）で、ここでは「～の」という意味で使われています。

はい、そうです。

Ja, das ist es.
ヤー ダス イスト エス

この本はとても人気があります。

Das Buch ist sehr populär.
ダス ブーフ イスト ゼーア ポプレーア

これはドイツ製ですか？

Ist das ein deutsches Produkt?
イスト ダス アイン ドイチェス プロドゥクト

いいえ、これはスイス製のものです。

Nein, das ist aus der Schweiz.
ナイン ダス イスト アウス デア シュヴァイツ

※通常国名には冠詞が付きませんが、スイスの場合は定冠詞が付きます。

※ausも3格の名詞と結びつく前置詞で、ここでは出所・由来を表しています。

とてもお買得ですよ。

Das ist sehr preiswert.
ダス イスト ゼーア プライス・ヴェアト

いいですね。それをいただきます。

Gut, das nehme ich.
グート ダス ネーメ イヒ

geben
ゲーベン

与える

英語の「give」に当たるのが、「与える」という意味の動詞gebenです。何かを注文するときは、3格（〜に）と4格（〜を）の目的語をとった「〜に〜を与える」という表現がよく使われます。

音声 35 **基本フレーズ①** • • • • • • • • • • • •

コーヒーを1つください。

（私にコーヒーを与えてください）

gebenの二人称単数		3格の目的語		4格の目的語
与える	あなたは	私に	どうぞ	コーヒー（男性名詞）1つを
Geben	Sie	mir	bitte	einen Kaffee .
ゲーベン	ズィ	ミア	ビッテ	アイネン カフェ

※bitteのあとには、必ず4格の名詞を続けます。

gebenは、主語が一人称と三人称の単数のときに変化します。

	単 数		複 数	
一人称	ich（私は）	**gebe** ゲーベ	wir（私達は）	**geben** ゲーベン
二人称	Sie（あなたは）	**geben** ゲーベン	Sie（あなた達は）	
三人称	er/sie/es （彼は/彼女は/それは）	**gibt** ギフト	sie（彼らは/ 彼女らは/それらは）	

※三人称単数形は不規則変化してgibtとなります。

注文に便利な表現

　Geben Sie mir bitte〜はレストランで注文したり、ショップでほしいと伝えたりするのに便利なフレーズです。通常、動詞を文頭に置くのは命令文の形ですが、英語の「please」に当たるbitteを使うことで依頼表現になります。

　左ページでは、注文するKaffeeは男性名詞なのでeinenが付いていますが、これは不定冠詞ではなく、「1つ」という意味の数詞として使われています。「カップ、茶碗」という意味の女性名詞Tasse^{タッセ}を使う場合は、その性に合わせてeine^{アイネ}になります。

einen Kaffee
　アイネン　　カフェ
＝ コーヒー1つを

↓

eine Tasse Kaffee
　アイネ　　タッセ　　カフェ
＝ 1杯のコーヒーを

 音声 **36**

何になさいますか？
Was darf es sein?
ヴァス　ダルフ　エス　ザイン

※店員が注文を聞くときの決まり文句です。

白ワインのボトルを1本、お願いします。
Geben Sie mir bitte eine
ゲーベン　ズィ　ミア　ビッテ　アイネ

Flasche Weißwein.
フラッシェ　　　ヴァイス・ヴァイン

※Flascheは「瓶」。2本頼みたいときは、zwei Flaschen [ツヴァイ フラッシェン]となります。
※Weißweinは「白ワイン」。「赤ワイン」ならRotwein [ロート・ヴァイン]です。

ここには
いいレストランがあります。

| gebenの三人称単数 | | 4格の目的語 |

~がある↓　　ここ　　　　　　　　いいレストラン（中性名詞）を

Es gibt hier ein gutes Restaurant .
エス　ギープト　ヒーア　　アイン　　グーテス　　　レストラーン

※形容詞gutesの前にある不定冠詞einは、1格ではなく4格の変化形です（p.28参照）。

学習の
ポイント 〈 存在することを表す

　[es＋gibt（gebenの三人称単数形）]と4格（～を）の名詞を組み合わせると、「～がある、存在する」という慣用表現になります。

　疑問文 Gibt es～?にすれば、「～はありますか?」と存在を尋ねる便利なフレーズになります。

――― 4格 女 ―――

Gibt es hier eine Toilette?
ギープト　エス　ヒーア　アイネ　　トイレッテ
= ここにはトイレがありますか?

――――― 4格 女 ※―――――

Gibt es hier in der Nähe eine Bushaltestelle?
ギープト　エス　ヒーア　イン　デア　ネーエ　アイネ　　ブス・ハルテシュテレ
= この近くにバスの停留所はありますか?

※Bushaltestelle（バスの停留所）は、男性名詞Bus（バス）と女性名詞Haltestelle（停留所）を組み合わせた複合名詞です。複合名詞の性・数は、最後の名詞の性・数に従います。

疑問詞was（何）とgibt esを使った疑問文で「何がありますか？」と尋ねるフレーズを作ることもできます。

Was gibt es Neues?
ヴァス　ギープト　エス　　ノイエス

= 何か新しいことはありますか？

※Neuesは「新しい」を意味する形容詞neu［ノイ］が名詞化したもので、「新しいもの」という意味。名詞なので、語頭は大文字です。

Was gibt es heute zu Mittag?
ヴァス　ギープト　エス　ホイテ　　ツー　ミッターク

= 今日の昼食は何ですか？

※Mittagの意味は「正午、お昼」ですが、前置詞zu（〜に）が付いて文中では「お昼に（食べるもの）→ 昼食」という意味になります。

音声
38

今日の分のチケットはまだありますか？
Gibt es noch Karten für heute?
ギープト エス　ノホ　　カルテン　フュア　ホイテ

※nochは「まだ」という意味の副詞です。

いいえ、もう1枚もありません。
Nein, es gibt keine Karten mehr.
ナイン　　エス ギープト　カイネ　　カルテン　　　メア

※es gibtのあとに［否定冠詞kein (e)＋名詞＋mehr］が続くと、「もう〜が1つもない」という意味になります。

いつの分ならありますか？
Für welchen Tag haben Sie
フュア　　ヴェルヒェン　ターク　ハーベン　ズィ

noch Karten?
ノホ　　カルテン

明日の分ならありますよ。
Für morgen gibt es noch Karten.
フュア　　モルゲン　ギープト エス　ノホ　　カルテン

haben
ハーベン

持っている

動詞habenは英語の「have」に当たり、「持っている、所有している」という意味で、4格の目的語をとる他動詞（p.40参照）です。

 **基本フレーズ** ●●●●●●●●●●●●●●●●●●●●

私には兄弟姉妹が2人います。

（私は兄弟姉妹を2人持っています）

| habenの一人称単数 | | 4格の目的語 |

私は	持っている	2人	兄弟姉妹を
Ich	habe	zwei	Geschwister .
イヒ	ハーベ	ツヴァイ	ゲシュヴィスター

※「兄弟」はBruder［ブルーダー］、「姉妹」はSchwester［シュヴェスター］です。

habenは、主語が一人称と三人称の単数のときに変化します。

	単　数		複　数	
一人称	ich（私は）	**habe** ハーベ	wir（私達は）	**haben** ハーベン
二人称	Sie（あなたは）	**haben** ハーベン	Sie（あなた達は）	
三人称	er/sie/es （彼は/彼女は/それは）	**hat** ハット	sie（彼らは/ 彼女らは/それらは）	

※三人称単数形は不規則変化してhatとなります。

学習のポイント 所有していることを表す

[ich ＋ habenの人称変化形 ＋ 目的語（4格）]で「私は〜を持っている」という表現。左ページでは対象が人（兄弟姉妹）なので「〜がいる」という意味になります。

habenの目的語となるのは、具体的な人や物だけではありません。時間や状態などもその対象になります。

● 時間を持っている → 時間がある

Ich habe Zeit.
イヒ　　ハーベ　　ツァイト
= 私は時間があります。

● 空腹を持っている → お腹がすいている

Er hat Hunger.
エア　ハット　　　フンガー
= 彼はお腹がすいています。

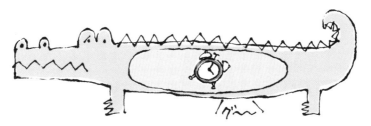

主語の人称を Sie（あなた）に変えてHaben Sie〜?という疑問文にすると、「あなたは〜を持っていますか?」→「〜はありますか?」と尋ねる表現になります。

Haben Sie einen Stadtplan?
ハーベン　　　ズィ　　アイネン　　シュタット・プラーン
= 市街地図はありますか?

※観光案内所やホテルのフロントで使えるフレーズです。

Haben Sie noch ein Zimmer frei?
ハーベン　　ズィ　　ノホ　　アイン　　ツィマー　　フライ
= まだ空き部屋はありますか?

※nochは「まだ」という意味の副詞、freiは「空いている」という意味の形容詞です。

TEIL
4

マスターしたい! 基本フレーズ

werden
ヴェルデン

〜になる

動詞werdenは英語の「become」に当たり、「〜になる」という意味です。この動詞は助動詞（〜だろう）としてもよく使われます（p.88参照）。

音声 40 **基本フレーズ** ・・・・・・・・・・・・・・

私は医者になります。

werdenの一人称単数

私は	〜になる	（女性の）医者
Ich	**werde**	**Ärztin** .
イヒ	ヴェルデ	エールツティン

※職業を示す名詞に冠詞は付きません。また、職業を示す名詞は、主語の性によって
語尾が異なります（p.67参照）。「（男性の）医者」はArzt［アールツト］です。

werdenは、主語が一人称と三人称の単数のときに変化します。

	単 数		複 数	
一人称	ich（私は）	**werde** ヴェルデ	wir（私達は）	**werden** ヴェルデン
二人称	Sie（あなたは）	**werden** ヴェルデン	Sie（あなた達は）	
三人称	er/sie/es （彼は/彼女は/それは）	**wird** ヴィルト	sie（彼らは/ 彼女らは/それらは）	

※三人称単数形は不規則変化してwirdとなります。

学習の
ポイント ＜ 状況・状態の変化を表す

[ich＋werdenの人称変化形＋述語]で「私は〜になる」という表現
です。

次のように人以外（物や日時など）が主語になって、「〜（の状態）にな
る」という表現もあります。

Der Kaffee wird kalt.
デア 　　カフェ 　　ヴィルト 　　カルト
＝ コーヒーが冷めます。

Es wird Nacht.
エス 　ヴィルト 　　　ナハト
＝ 夜になります。

※esは英語の「it」に当たる仮の主語で（非人称の
esと呼ばれます）、明確な意味を持ちません。日時
や天候などを表すときに使われます。

比較級を使った表現 - - - - - - - - - - - - - - - - - - -

ドイツ語のほとんどの形容詞は、原形の語尾に-erを付けると比較級に
なります。[werdenの人称変化形＋副詞immer＋比較級]で「だんだ
ん〜になる」という例を見てみましょう。
イマー

Die Tage werden immer länger.
ディ 　　ターゲ 　　ヴェルデン 　　　イマー 　　　　レンガー
＝ 日がだんだん長くなります。

※TageはTag［ターク］（1日）の複数形。ここでは「日中」という意味で使われています。
※längerはlang［ラング］（長い）の比較級。このように単語によっては母音にウムラウトが付きます。

können を使って
ケネン

～してもよい①

　助動詞könnenは英語の「can」に当たり、動詞と結びついて「～できる」という意味になります。疑問文では「～してもいいですか?」と相手に許可を求めたり、依頼の表現になります。

音声 41 基本フレーズ ••••••••••••

窓を開けてもいいですか?

könnenの一人称単数　　　　　　　　　　　　　**動詞の不定形（原形）**

| **Kann** | 私は
ich | 窓を
das Fenster | 開ける
öffnen | ? |
| カン | イヒ | ダス　フェンスター | エフネン | |

～してもいいですか?

※助動詞を使った文では、動詞は不定形で文末に、目的語は動詞の前に置かれます。

könnenは、主語が一人称と三人称の単数のときに変化します。

	単 数		複 数	
一人称	ich (私は)	**kann** カン	wir (私達は)	**können** ケネン
二人称	Sie (あなたは)	**können** ケネン	Sie (あなた達は)	
三人称	er/sie/es (彼は/彼女は/それは)	**kann** カン	sie (彼らは/ 彼女らは/それらは)	

[könnenの人称変化形 + ich/man（マン）] と動詞の不定形を使った疑問文で、許可を求める表現になります。

※ manは一般的な許可を求めるのに使う不定代名詞です（p.81参照）。

〈個人が許可を求める〉

Kann ich die Tür schließen?
カン　　イヒ　　ディ　**テュー**ア　　シュ**リー**セン

= ドアを閉めてもいいですか？

〈一般的な許可を求める〉

Kann man hier das Blitzlicht benutzen?
カン　　　　マン　　**ヒー**ア　　ダス　　ブ**リ**ッツ・リヒト　　ベ**ヌ**ッツェン

= ここでフラッシュは使えますか？

※ Blitzlichtはカメラの「フラッシュ」という意味の名詞です。

相手に何かをしてほしいとき

[können + Sie] と動詞の不定形を使った疑問文では、「〜してもらえますか？」と相手に何かを依頼する表現として使えます。

※このとき、英語の「please」に当たるbitteを添えてください。

Können Sie mir bitte ein Taxi rufen?
ケネン　　　　ズィ　　ミア　　**ビ**ッテ　　アイン　　**タ**クスィ　**ルー**フェン

= タクシーを呼んでもらえますか？

さらにkönnenの接続法第2式（p.45参照）を使うと、より丁寧な表現になります。

Könnten Sie es bitte noch einmal sagen?
ケンテン　　　ズィ　エス　　**ビ**ッテ　　ノホ　　**ア**イン・マール　**ザー**ゲン

= もう一度言っていただけますか？

dürfen を使って

デュルフェン

～してもよい②

　助動詞dürfenは英語の「may」に当たり、動詞と結びついて「～しても よい」という意味になります。日常会話では疑問文で相手の許可を求める 表現によく使われます。

音声 42 **基本フレーズ** ・・・・・・・・・・・・・・・・・・

これを試着してもいいですか?

| dürfenの一人称単数 | | | 動詞の不定形（原形） |

	私は	これを	試着する	
Darf	ich	das	anprobieren	**?**
ダルフ	イヒ	ダス	アン・プロビーレン	

～してもいいですか?

　dürfenは、主語が一人称と三人称の単数のときに変化します。

	単　数		複　数	
一人称	ich（私は）	**darf** ダルフ	wir（私達は）	**dürfen** デュルフェン
二人称	Sie（あなたは）	**dürfen** デュルフェン	Sie（あなた達は）	
三人称	er/sie/es （彼は/彼女は/それは）	**darf** ダルフ	sie（彼らは/ 彼女らは/それらは）	

許可を求める

[dürfenの人称変化形 + ich/wir]と動詞の不定形を使った疑問文で、自分（達）が何かをしてもいいかどうか、許可を求めます。p.78で学習したkönnenと同様に許可を求める表現ですが、こちらのdürfenのほうがより丁寧なニュアンスになります。

Darf ich Sie etwas fragen?
ダルフ　イヒ　ズィ　エトヴァス　フラーゲン
= ちょっとお尋ねしてもいいですか？

Dürfen wir hier essen und trinken?
デュルフェン　ヴィア　ヒーア　エッセン　ウント　トリンケン
= （私達は）ここで飲食してもいいですか？

「できる／できない」を確認

主語に一人称のich/wirを使わず、不特定の人を意味する不定代名詞man を使うと、特定の個人が許可を求めるのではなく、一般的にできるかどうかについて確認できます。

※この場合、dürfenは三人称単数の変化形darfを使います。

Darf man hier das Handy benutzen?
ダルフ　マン　ヒーア　ダス　ヘンディ　ベヌッツェン
= ここでは携帯電話を使えますか？

Darf man hier parken?
ダルフ　マン　ヒーア　パルケン
= ここに駐車できますか？

TEIL
4
マスターしたい！ 基本フレーズ

wollenを使って

ヴォレン

～したい①

助動詞wollenは英語の「will」に当たり、動詞と結びついて「～したい」という意味になります。自分の要望を相手に伝える際の大事な言い回しです。

音声 43 **基本フレーズ** • • • • • • • • • • • • •

お金を両替したいです。

wollenの一人称単数			動詞の不定形（原形）
私は	～したい	お金を	交換する
Ich	**will**	**Geld**	**wechseln** .
イヒ	ヴィル	ゲルト	ヴェクセルン

wollenは、主語が一人称と三人称の単数のときに変化します。

	単数		複数	
一人称	ich（私は）	**will** ヴィル	wir（私達は）	**wollen** ヴォレン
二人称	Sie（あなたは）	**wollen** ヴォレン	Sie（あなた達は）	
三人称	er/sie/es （彼は/彼女は/それは）	**will** ヴィル	sie（彼らは/ 彼女らは/それらは）	

　　[ich/wir + wollenの人称変化形]に動詞の不定形を組み合わせて、
自分（達）が「～したい」という意思を伝えます。

Ich will mit Kreditkarte bezahlen.
　　イヒ　　**ヴィル**　　ミト　　　クレ**ディ**ート・**カ**ルテ　　　ベ**ツァ**ーレン

= クレジットカードで支払いたいです。

※前置詞mitは、ここでは手段・方法を表しています。
※現金で支払いたい場合は、mit Kreditkarteをbar［バー］に替えて言いましょう。

一緒にしたいことを提案

　　Wollen wir ～?という疑問文の形にすると、「（自分達が）～しません
か?」と提案をする表現になります。

Wollen wir heute Abend ins Kino gehen?
　　ヴォレン　　　　ヴィア　　　**ホ**イテ　　　**アー**ベント　インス　**キ**ーノ　　　**ゲ**ーエン

= 今晩、映画を観に行きませんか?

※insは前置詞in［イン］（～へ）と定冠詞das［ダス］の融合形です。

Wollen wir durch die Stadt bummeln?
　　ヴォレン　　　　ヴィア　　**ドゥ**ルヒ　　　ディ　シュ**タッ**ト　　　　ブメルン

= 街を散歩しませんか?

※durchは「～を通って」という意味の前置詞、
bummelnは「散歩する、ブラブラする」という
意味の動詞です。

möchte を使って
メヒテ

～したい②

　möchteは助動詞mögen（～かもしれない）の接続法第2式（p.45参
照）です。英語の「would like to」（「want」よりも丁寧）に当たり、動詞
と結びついて「～したい」という意味になります。

 **基本フレーズ** ●●●●●●●●●●●●●●●

私はコンサートへ行きたいです。

mögenの接続法第2式			**動詞の不定形（原形）**

私は	～したい	コンサートへ	行く
Ich	**möchte**	**ins Konzert**	**gehen** .
イヒ	メヒテ	インス　コン**ツェ**ルト	ゲーエン

※insは前置詞in［イン］（～へ）と定冠詞das［ダス］の融合形です。

　mögenの接続法第2式の人称変化を見てみましょう。一人称と三人称
の単数形、二人称単数形とすべての人称の複数形は同じ形です。

	単 数		複 数	
一人称	ich（私は）	**möchte** メヒテ	wir（私達は）	**möchten** メヒテン
二人称	Sie（あなたは）	**möchten** メヒテン	Sie（あなた達は）	
三人称	er/sie/es （彼は/彼女は/それは）	**möchte** メヒテ	sie（彼らは/ 彼女らは/それらは）	

丁寧に要望を伝える

接続法第2式のmöchteは要望を伝える表現に使い、p.82のwollenよりも丁寧な言い回しになります。[ich/wir ＋ möchte(n)] に動詞の不定形を組み合わせて、自分（達）がしたいことを伝えます。

Ich möchte ein Zimmer reservieren.
　イヒ　　　メヒテ　　　アイン　　　ツィマー　　　　レザヴィーレン
＝ 私は部屋を予約したいです。

Wir möchten eine Stadtrundfahrt machen.
　ヴィア　　　メヒテン　　　アイネ　シュタット・ルントファールト　　マッヘン
＝ 私達は市内観光をしたいです。

注文などに便利な丁寧表現

動詞を省いた [ich/wir ＋ möchte(n) ＋ 目的語] の形にすると、「〜がほしい」→「〜をください」という表現になります。

Ich möchte eine Flasche Bier.
　イヒ　　　メヒテ　　　アイネ　　フラッシェ　　ビーア
＝ ビールを1本ください。

möchte(n)のあとに副詞gernを加えれば「〜したいのですが」と、より丁寧な表現になります。

Wir möchten gern zwei Eintrittskarten.
　ヴィア　　　メヒテン　　　ゲルン　　ツヴァイ　　アイントリッツ・カルテン
＝ （私達は）入場券を2枚ほしいのですが。

TEIL 4 マスターしたい！ 基本フレーズ

85

müssen を使って
ミュッセン
〜しなければならない

助動詞müssenは英語の「must」に当たり、動詞と結びついて「〜しなければならない」という意味になります。義務や行動の必要性を表すのに使われます。

音声 45 基本フレーズ

私は明日、働かなければなりません。

| müssenの一人称単数 | | | 動詞の不定形（原形） |

私は	〜しなければならない	明日	働く
Ich	**muss**	**morgen**	**arbeiten** .
イヒ	ムス	モルゲン	アルバイテン

müssenは、主語が一人称と三人称の単数のときに変化します。

	単 数		複 数	
一人称	ich（私は）	**muss** ムス	wir（私達は）	**müssen** ミュッセン
二人称	Sie（あなたは）	**müssen** ミュッセン	Sie（あなた達は）	
三人称	er/sie/es （彼は/彼女は/それは）	**muss** ムス	sie（彼らは/ 彼女らは/それらは）	

義務・必要性を表す

　[主語 + müssenの人称変化形] に動詞の不定形を組み合わせて、誰かが何かしなければならないことを表します。

Ich muss am nächsten Bahnhof umsteigen.

イヒ　　ムス　　アム　　ネーヒステン　　バーンホーフ　　ウム・シュタイゲン

＝ 私は次の駅で乗り換えなければなりません。

※amは前置詞an [アン] (〜で) と定冠詞dem [デム] の融合形。
umsteigenは「乗り換える」という意味の動詞です。

Er muss jetzt nach Hause gehen.

エア　　ムス　　イェツト　　ナーハ　　ハウゼ　　ゲーエン

＝ 彼はもう帰宅しなければなりません。

※jetztは「今」という意味の副詞です。

必要があるかどうかを確認

　[müssenの人称変化形 + ich/wir] と動詞の不定形を使った疑問文にすると、自分（達）が何かする必要があるかどうかを確認する表現に使えます。

Müssen wir einen Tisch reservieren?

ミュッセン　　ヴィア　　アイネン　　ティシュ　　レザヴィーレン

＝ 席（テーブル）を予約しなければなりませんか？

Muss ich eine Krawatte tragen?

ムス　　イヒ　　アイネ　　クラヴァッテ　　トラーゲン

＝ （私は）ネクタイを着用しなければなりませんか？

※tragenは「身につける」という意味の動詞です。

werden を使って
ヴェルデン

〜だろう

p.76で「〜になる」という意味の動詞として紹介したwerdenは、英語の「will（〜だろう）」に当たる助動詞としてもよく使われます。

音声 46 基本フレーズ •

電車はまもなく来るでしょう。

	werdenの三人称単数		**動詞の不定形（原形）**
電車は	〜だろう	まもなく	来る
Der Zug	**wird**	**bald**	**kommen** .
デア　　ツーク	ヴィルト	バルト	コメン

 学習の ポイント 〈 **未来の予定・推量を表す**

［主語 + werdenの人称変化形］に動詞の不定形を組み合わせると、予定や推量を表します（werdenの人称変化はp.76を参照）。

Sie wird morgen nach Japan zurückfliegen.
ズィ　　ヴィルト　　モルゲン　　ナーハ　　ヤーパン　　ツリュック・フリーゲン

＝ 彼女は明日、日本へ帰国する予定です。

※ zurückfliegen（飛行機で戻る）は分離動詞です（p.41参照）。

ドイツにはどのくらい滞在予定ですか?

Wie lange werden Sie
ヴィー　　ランゲ　　ヴェルデン　ズィ

in Deutschland bleiben?
イン　　ドイチュラント　　ブライベン

 (私は)そこには2週間、滞在の予定です。

Ich werde dort zwei Wochen
イヒ　　ヴェルデ　ドルト　ツヴァイ　　ヴォッヘン

bleiben.
ブライベン

※zwei Wochenは「2週間」という意味の名詞ですが、ここでは副詞的に使われていて「2週間の期間」という意味になります。

 空がだんだん暗くなってきています。

Der Himmel wird immer
デア　　ヒンメル　　ヴィルト　イマー

dunkler.
ドゥンクラー

※[immer＋比較級]で、「だんだん、ますます」という意味です(p.77参照)。

※dunklerは「暗い」という意味の形容詞dunkel[ドゥンケル]の比較級。英語と同様、語尾に-erを付けて作りますが、この場合は例外的にdunkelのeが省略されます。

 お天気はどうなるでしょう?

Wie wird das Wetter?
ヴィー　　ヴィルト　ダス　　ヴェター

 すぐに雨になるでしょう。

Es wird gleich regnen.
エス　ヴィルト　　グライヒ　　レーグネン

89

was を使って
ヴァス

何?

wasは英語の「what」に当たる「何?」という意味の疑問詞です。動詞と組み合わせた疑問文で、質問のバリエーションが広がります。

音声 48 基本フレーズ

それは何ですか?

疑問詞 → **Was** ヴァス
seinの三人称単数 → ～である **ist** イスト
それは **das** ダス
?

何?

学習の ポイント 〈 疑問詞は文頭に置く 〉

疑問詞を使った疑問文の作り方は、疑問詞を文頭に置き、次に動詞の人称変化形、主語を続けて、文末に「?」を付けるのが基本です。

疑問詞	動詞	主語	前置詞	3格の名詞	
Was ヴァス	**sind** ズィント	**Sie** ズィ	**von** フォン	**Beruf** ベルーフ	**?**
何	～である	あなたは	～について	職業	

(あなたの職業は何ですか?)

wasのあとに動詞の人称変化形を続けた疑問文で、具体的に何なのか
を尋ねます。

Was **haben** Sie?
ヴァス　　ハーベン　　ズィ

= （あなたは）何を持っていますか？

Was **bedeutet** das auf Deutsch?
ヴァス　　　　ベドイテット　　　ダス　アウフ　　　ドイチュ

= それはドイツ語でどういう意味ですか？

どんな種類かを尋ねる

4格の名詞と結びつく前置詞für（p.33参照）を使った［Was　für ＋ 名
詞（4格）〜?］の形で、どんな種類かを尋ねる表現になります。

Was **für ein Auto** fährt er?
ヴァス　フュア　アイン　　アウト　　フェーアト　エア

= 彼はどんな車を運転していますか？

Was **für Bücher** lesen Sie?
ヴァス　フュア　ビューヒャー　　レーゼン　ズィ

= （あなたは）どんな本を読みますか？

要望の対象を尋ねる

［was ＋ mögenの接続法第2式（p.45参照）］に動詞の不定形を組み
合わせた疑問文で、相手の要望の対象を尋ねる、丁寧な表現になります。

Was **möchten** Sie essen?
ヴァス　　　メヒテン　　ズィ　　エッセン

= （あなたは）何を食べたいですか？

※essenは「食べる」という意味の動詞。「飲む」はtrinken［トリンケン］です。

TEIL
4
マスターしたい！基本フレーズ

91

wann を使って

ヴァン

いつ？

wannは英語の「when」に当たる「いつ？」という意味の疑問詞です。

音声 49 **基本フレーズ** • • • • • • • • • • • •

美術館は何時に閉まりますか？

疑問詞　　　**schließenの三人称単数**

Wann	閉まる **schließt**	美術館は **das Museum**	**?**
ヴァン	シュリースト	ダス　　　ムゼーウム	

いつ？

※schließen［シュリーセン］は「閉まる」という意味の動詞です。

 学習の ポイント 〈 **時を尋ねる**

wannのあとに動詞の人称変化形を続けた疑問文で、具体的な時間や時期を尋ねます。

Wann kommt der nächste Bus zur Universität?
ヴァン　　　コムト　　　デア　　　ネーヒステ　　　ブス　　　ツア　　　ウニヴェアズィテート
＝ 次の大学行きのバスはいつ来ますか？

※zurは前置詞zu［ツー］（〜へ）と定冠詞derの融合形です。

Wann kommt er zurück?
ヴァン　　　コムト　　　エア　　　ツリュック
＝ 彼はいつ戻ってきますか？

※「戻る」という意味の分離動詞（p.41参照）zurückkommen［ツリュック・コメン］を使った表現です。

wannは、起点を示すab、到達点を示すbis、継続を示すseitなどの前置詞との組み合わせで、期間を尋ねる表現になります。

● **ab**（～から）＋**wann** … いつ（何時）から

Ab wann kann man frühstücken?
アプ　　ヴァン　　カン　　マン　　フリュー・シュテュッケン

＝ 朝食は何時から食べられますか？

※frühstückenは「朝食を食べる」という意味の動詞です。

● **bis**（～まで）＋**wann** … いつ（何時）まで

Bis wann wird er hier bleiben?
ビス　　ヴァン　　ヴィルト　エア　ヒーア　　ブライベン

＝ 彼はいつまでここに滞在するのだろう？

● **seit**（～以来）＋**wann** … いつ以来

Seit wann kennen Sie ihn?
ザイト　　ヴァン　　ケネン　　ズィ　イーン

＝ あなたはいつから彼を知っているのですか？

音声
50

展覧会はいつまでやっていますか？
Bis wann läuft die Ausstellung?
ビス　　ヴァン　　ロイフト　ディ　アウス・シュテルング

来週の月曜日までです。
Bis nächsten Montag.
ビス　　ネーヒステン　　モーン・ターク

※läuftは動詞laufen［ラウフェン］（走る、進行する）の人称変化形です。ここでは「開催される」の意味。

※形容詞nächst［ネーヒスト］（次の）が、4格の名詞と結びつく前置詞bisの影響で格変化しています。

warum を使って

ヴァルム

なぜ?

warumは英語の「why」に当たる「なぜ?」という意味の疑問詞です。

音声 51 基本フレーズ

なぜあなたはドイツ語を 勉強するのですか?

疑問詞 | lernenの二人称単数

	学ぶ	あなたは	ドイツ語を	
Warum	lernen	Sie	Deutsch	**?**
ヴァルム	レルネン	ズィ	ドイチュ	

なぜ?

学習の ポイント 理由を尋ねる

warumのあとに動詞の人称変化形を続けた疑問文で、具体的な理由を尋ねます。

Warum fragt sie ihn nicht?
ヴァルム　　フラークト　ズィ　イーン　　ニヒト

= なぜ彼女は彼に聞かないのですか?

Warum müssen wir hier bleiben?
ヴァルム　　　　ミュッセン　　ヴィア　ヒーア　　ブライベン

= どうして私達はここに留まらなければならないのですか?

94

理由を答える「〜だから」

Warum〜? の質問に答えるときは、英語の「because」に当たる接続詞weil（〜だから）を使います。warumとセットで覚えましょう。

 Warum kommt er nicht?

ヴァルム　　コムト　エア　ニヒト

= なぜ彼は来ないのですか?

 Weil er keine Zeit hat.

ヴァイル エア **カイネ** **ツァイト** ハト

=（彼は）時間がないからです。

※名詞Zeit（時間）の前に否定冠詞keineを付けた否定文。weilを使った文では、動詞は文末に置かれます。

ミニ会話

 音声 **52**

 なぜそんなに（値段が）高いのですか?

Warum ist das so teuer?

ヴァルム　イスト ダス **ゾー** **トイアー**

※teuerは「高価な」という意味の形容詞です。

バイオ製品だからです。

Weil das ein Bioprodukt ist.

ヴァイル　ダス　アイン　**ビオ・プロ**ドゥ**クト**　イスト

 これから散歩に行きませんか?

Wollen wir jetzt

ヴォレン　　ヴィア **イェット**

spazieren gehen?

シュパ**ツィー**レン　　**ゲー**ヘン

※spazieren gehen（散歩をする）は［動詞＋動詞］の分離動詞（p.41参照）。表記の際は常に2つに離すという決まりがあります。

 はい、もちろん。

Ja, warum nicht.

ヤー　　ヴァルム　　ニヒト

※英語の「why not」に当たる表現で、相手の提案に対し積極的に同意するときの決まり文句です。

WO を使って
ヴォー

どこ？

woは英語の「where」に当たる「どこ？」という意味の疑問詞です。

音声 53 基本フレーズ ・・・・・・・・・・・・・・・・・・・・・・

駅はどこですか？

疑問詞	seinの三人称単数	
	～である 駅は	
Wo	**ist**	**der Bahnhof ?**
ヴォー	イスト	デア　バーンホーフ

どこ？

※尋ねる対象が複数の場合、動詞は複数形（ist→sind［ズィント］）になります。

 学習の ポイント　場所を尋ねる

woと動詞を組み合わせた疑問文で、具体的な場所を尋ねます。

Wo wohnen Sie?
ヴォー　　ヴォーネン　　ズィ

＝（あなたは）どこに住んでいますか？

Wo gibt es eine Bank?
ヴォー　ギープト エス　アイネ　　バンク

＝ 銀行はどこにありますか？

※p.72で学習したes gibt（～がある）を使った表現です。

移動する方向を表す副詞 her（ヘア）や hin（ヒン）と wo が結合した疑問詞もよく使われます。

● **wo＋her**（こちらへ）→ **woher**（どこから）

Woher kommen Sie?

ヴォー**ヘア**　　　コメン　　　ズィ

＝（あなたは）どこから来たのですか？

※herは、話し手のほうへ近づく方向を表します。

● **wo＋hin**（向こうへ）→ **wohin**（どこへ）

Wohin gehen Sie?

ヴォー**ヒン**　　　ゲーエン　　　ズィ

＝（あなたは）どこへ行くのですか？

※hinは、話し手から遠ざかる方向を表します。

音声 54

 どちらの出身ですか？
Woher kommen Sie?
ヴォー**ヘア**　　　コメン　　　ズィ

※ woher はこのように出身を尋ねる場合にも使われます。

 ミュンヘンから来ました。
Ich komme aus München.
イヒ　　コメ　　　**アウス**　　**ミュン**ヒェン

 ミュンヘンのオクトーバーフェストはとても有名ですね。
Das Oktoberfest in München
ダス　　オク**トー**バー・**フェ**スト　イン　　**ミュン**ヒェン

ist sehr populär.
イスト ゼーア　　ポプレーア

★オクトーバーフェストは9月中旬から10月上旬に開催される祭り。毎年ビール好きの観光客で賑わいます。

TEIL 4

マスターしたい！ 基本フレーズ

97

wer を使って
ヴェア

誰?

werは英語の「who」に当たる「誰?」という意味の疑問詞です。この疑問詞は格変化して使われるのが特徴です。

基本フレーズ

その女性は誰ですか?
（誰がその女性ですか?）

疑問詞werの1格	seinの三人称単数	
	～である	その女性は
Wer	ist	die Frau ?
ヴェア	イスト	ディ　フラウ

誰が?

werは次のように格変化して、それぞれに助詞の意味が加わります。

1格 （誰が）	**wer** ヴェア
2格 （誰の）	**wessen** ヴェッセン
3格 （誰に）	**wem** ヴェーム
4格 （誰を）	**wen** ヴェーン

学習の ポイント　誰なのかを尋ねる

　werの格変化形に動詞・助動詞の人称変化形を組み合わせた疑問文で、具体的に誰なのかを尋ねます。

Wessen Tasche ist das?
ヴェッセン　　タッシェ　イスト　ダス

= これは誰のバッグですか？

※2格（〜の）の変化形wessenのあとには
名詞（所有する対象）を続けます。

Wem helfen die Kinder?
ヴェーム　ヘルフェン　ディ　キンダー

= 子ども達は誰を手伝いますか？

※helfenは3格の目的語をとる動詞です。
「〜を助ける、手伝う」という意味があります。

Wer kann Deutsch sprechen?
ヴェア　　カン　　ドイチュ　　シュプレッヒェン

= 誰がドイツ語を話せますか？

前置詞・動詞と組み合わせて - - - - - - - - - - - - - - - -

werには、前置詞や動詞と組み合わせた表現があります。

● 前置詞mit + wem（3格の目的語）＝ 誰と一緒に

Mit wem gehen Sie aus?
ミト　ヴェーム　ゲーエン　ズィ　アウス

= あなたは誰と出かけますか？

※分離動詞（p.41参照）ausgehen［アウス・ゲーエン］（外出する）を使った表現です。

● 前置詞auf + wen（4格の目的語）＋ 動詞warten ＝ 誰を待つ

Auf wen warten Sie?
アウフ　ヴェーン　ヴァルテン　ズィ

= 誰を待っているのですか？

※wartenの意味は「待つ」。［auf ＋ 4格の目的語 ＋ warten］で「〜を待つ」という慣用表現になります。

wie を使って
ヴィー

どのように?

wieは英語の「how」に当たる「どのように?」という意味の疑問詞です。

 **基本フレーズ** ・・・・・・・・・・・・・・・・

それはドイツ語で何と言いますか?
（それはドイツ語でどのように呼ばれていますか?）

疑問詞	heißenの三人称単数		
	～と呼ばれている	それは	ドイツ語で
Wie	**heißt**	**das**	**auf Deutsch** **?**
ヴィー	ハイスト	ダス	アウフ　　ドイチュ
	どのように?		

※auf（～で）は方法や手段を表す前置詞です。

 方法・手段を尋ねる

　wieのあとに動詞の人称変化形を続けた疑問文で、方法や手段を尋ねます。

Wie lernen Sie Deutsch?
ヴィー　　レルネン　　ズィ　　　　ドイチュ

＝ どのようにドイツ語を勉強していますか?

Wie komme ich zum Fußballstadion?
ヴィー　　　コメ　　　イヒ　　ツム　　　フースバル・シュターディオン

＝ サッカースタジアムにはどう行ったらいいですか?

※zumは前置詞zu[ツー]（～へ）と定冠詞dem[デム]の融合形です。

wieは副詞・形容詞と組み合わせると、具体的な数量を尋ねるさまざまな表現になります。

● **wie + lange**（長い） … どのくらいの長さ、期間

Wie lange bleiben Sie in Berlin?
ヴィー　　　ランゲ　　　ブライベン　　ズィ　イン　　ベルリーン

= ベルリンにはどのくらい滞在しますか?

● **wie + alt**（古い） … どのくらい古い

Wie alt ist die Kirche?
ヴィー　　アルト イスト ディ　　　キルヒェ

= この教会はどのくらい古いですか?

● **wie + viel**（たくさんの） … どのくらいの量

Wie viel Geld haben Sie?
ヴィー　　フィール　　ゲルト　　　ハーベン　　ズィ

= お金をいくら持っていますか?

※ここでGeld（お金）は集合的な意味合いで使われているため、vielは語尾変化しません。

Wie viele Bücher haben Sie?
ヴィー　　フィーレ　　ビューヒャー　　ハーベン　　　ズィ

= どのくらい本を持っていますか?

※Bücher（本）は複数形なので、vielの語尾に-eが付きます。

Um **wie viel** Uhr startet der Flug nach
ウム　　ヴィー フィール　ウーア　シュタルテット　デア　　フルーク　　　ナーハ

Berlin?
ベルリーン

= ベルリン行きの飛行機は何時に出発しますか?

※umは「〜時に」などと時刻を表すときに使う前置詞です。

おさらい練習問題

(1) 次の日本語訳に対応するよう、適切な人称変化形の動詞を
空欄に記入してください。

1. 私は日本人（女性）です。

   Ich [____] Japanerin.

2. 彼はドイツ人です。

   Er [____] Deutscher.

3. こちらは私の両親です。

   Das [____] meine Eltern.

4. ここにレストランはありますか？

   [____] es hier ein Restaurant?

5. 私は時間があります。

   Ich [____] Zeit.

6. 市街地図はありますか？

   [____] Sie einen Stadtplan?

② 次の日本語訳に対応するよう、適切な人称変化形の助動詞を空欄に記入してください。

1. タクシーを呼んでもらえますか？

   　　　　　　　　Sie mir bitte ein Taxi rufen?

2. 私は部屋を予約したいです。

   Ich 　　　　　　ein Zimmer reservieren.

3. 彼女は明日、働かなければなりません。

   Sie 　　　　　morgen arbeiten.

4. 列車はまもなく来るでしょう。

   Der Zug 　　　　bald kommen.

③ 次の日本語訳にふさわしい疑問詞を空欄に記入してください。

1. なぜあなたはドイツ語を勉強するのですか？

   　　　　　　lernen Sie Deutsch?

2. その女性は誰ですか？

   　　　　　　ist die Frau?

3. それはドイツ語で何と言いますか？

   　　　　　　heißt das auf Deutsch?

正解： ① 1. bin 2. ist 3. sind 4. Gibt 5. habe 6. Haben
　　　 ② 1. Können 2. möchte 3. muss 4. wird
　　　 ③ 1. Warum 2. Wer 3. Wie

豆知識 トラブルに遭った時のドイツ語

　トラブルに巻き込まれた時や病気の際に役立つ、とっさのドイツ語フレーズです。それでも対処できなかったら、警察（電話番号110番）や消防・救急システム（112番）へ。ドイツでは救急車による病院への搬送は有料です。

助けて!
Hilfe!
ヒルフェ

やめて!
Aufhören!
アウフ・ヘーレン

泥棒!
Dieb!
ディープ

スリだ!
Taschendieb!
タッシェン・ディープ

緊急です!
Notfall!
ノート・ファル

一緒に来て!
Mitkommen!
ミット・コメン

警察を呼んでください!
Rufen Sie bitte die Polizei!
ルーフェン ズィ ビッテ ディ ポリツァイ

気分が悪いです。
Ich fühle mich nicht wohl.
イヒ フューレ　ミヒ　ニヒト ヴォール

ここが痛いです。
Hier tut es mir weh.
ヒーア トゥート エス ミア　ヴェー

救急車を呼んでください!
Rufen Sie bitte einen
ルーフェン ズィ ビッテ　アイネン
Krankenwagen!
クランケン・ヴァーゲン

旅先で使える!
場面別フレーズ

機内/空港で

im Flugzeug/im Flughafen
イム フルーク・ツォイク　イム フルーク・ハーフェン

> 音声 **この章の音声について**　入れ替え( )枠があるフレーズは、その音声のあとに、右ページの
> **( )入れ替え語句** の音声が続きます。

---

① ～はどこですか?

入れ替え( )

Wo ist │ mein Platz │ ?
ヴォー　イスト　　マイン　　ブラッツ

= **私の席**はどこですか?

---

② ～してもいいですか?

Kann ich das Essen auch
カン　　イヒ　　ダス　　エッセン　　アウホ

später bekommen?
シュペーター　　　　ベコメン

※späterは「あとで」という意味の副詞。bekommenは「もらう」という意味の動詞です。

= **食事**をあとにしてもいいですか?

---

③ ～をお願いします。

入れ替え( )

Einen Fensterplatz │ , bitte.
アイネン　　フェンスター・プラッツ　　　　ビッテ

= **窓側の席**をお願いします。

① 場所を尋ねる

疑問詞wo（どこ）を使って、場所を尋ねる表現です（p.96参照）。

（） 入れ替え語句

● トイレ
die Toilette
ディ　トイレッテ

● 搭乗ゲート
das Abfluggate
ダス　**アブ**・フルーク・ゲイト

● 手荷物受取所
die Gepäckausgabe
ディ　ゲペック・**ア**ウスガーベ

② 許可を求める

助動詞können（ケネン）を使って、相手に許可を求める表現です（p.78参照）。

Kann ich das Gepäck hierlassen?
カン　イヒ　ダス　ゲペック　**ヒーア・ラッセン**

= 荷物をここに置いてもいいですか?

③ 要望を伝える

自分が希望するもののあとに、英語の「please」に当たるbitteを添えて、要望を伝える表現です。bitteの前にくるのは4格の名詞です。

（） 入れ替え語句

● 通路側の席
Einen Gangplatz
アイネン　**ガ**ング・プラッツ

● 1杯の水
Ein Glas Wasser
アイン　グラース　**ヴァ**ッサー

● 毛布
Eine Decke
アイネ　**デ**ッケ

これも使える！ 機内で便利な表現　音声 59

● シートを倒してもいいですか?

Darf ich meinen Sitz zurückstellen?
ダルフ　イヒ　マイネン　**ズ**ィッツ　ツリュック・シュテレン

※助動詞dürfen［デュルフェン］を使った許可を求める表現（p.80参照）。

- -

● ヘッドホンの調子が悪いのですが。

Der Kopfhörer ist nicht in Ordnung.
デア　**コ**ップフ・ヘーラー　イスト　**ニ**ヒト　イン　**オ**ルドヌング

※nicht in Ordnungは、「正常ではない」という意味の決まり文句。

SZENE 1 交通 音声 **60**

タクシー/バスに乗る

mit dem Taxi/mit dem Bus fahren
ミト デム タクスィ ミト デム ブス ファーレン

---

1 〜まで行ってください。 ※bringenは「運ぶ」という意味の動詞。
bis(〜まで)は方向を表す前置詞です。

Bringen Sie mich bitte
ブリンゲン　　　　　ズィ　　　　ミヒ　　　　　ビッテ

入れ替え**( )**

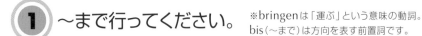

bis zu dieser Adresse .
ビス　　　　ツー　　　ディーザー　　　　アドレッセ

= **この住所まで行ってください。**

※dieserは英語の「this」と同じ役割を持ち、名詞の前に置いて「この〜」となる指示代名詞です。

 〜までいくらですか?

Was kostet es bis zum Flughafen?
ヴァス　　　コステット　　エス　　ビス　　　ツム　　　　フルーク・ハーフェン

= **空港までいくらですか?** ※kostetは「〜の値段である」という意味の動詞
kosten[コステン]の人称変化形。zumは前置詞zu
[ツー]と定冠詞dem[デム]の融合形です。

 〜へ行きますか?

Fährt dieser Bus zum Rathaus?
フェーアト　　　　ディーザー　　　　ブス　　　　ツム　　　　ラート・ハウス

= **このバスは市庁舎へ行きますか?**

※fährtは「(乗り物が)運行する」という意味の動詞fahren[ファーレン]の人称変化形です。

① 行き先を伝える

Bringen Sie mich bitte（行ってください）
のあとに、[bis（〜まで）＋ zu（〜へ）＋ 行き
先] を続けます。bisのあとにzuが続いていま
すが、ドイツ語ではこのように2つの前置詞が
セットで使われることがあります。

※名詞の格は後続の前置詞zuによって決まります。

> **🔁 入れ替え語句**
>
> ● 市の中心部まで　　　※zurは前置詞zuと　　● 美術館まで
> 　bis zur Stadtmitte　定冠詞der［デア］の融　　bis zum Museum
> 　ビス　ツア　シュタット・ミッテ　合形です。　　　　　　ビス　ツム　　ムゼーウム

② 料金を尋ねる

Was kostet es?は料金を尋ねる決まり文句です。bis〜部分には、上
記の「入れ替え語句」を使ってもOK。

③ 目的地に行くかを尋ねる

[Fährt dieser ＋ 乗り物〜?] で、「この〜は行きますか?」という表現。
zuのあとに目的地の場所を続けます。

※dieser（この）は乗り物が男性名詞の場合。女性名詞ならdiese［ディーゼ］、中性名詞ならdieses［ディー
ゼ］になります。

これも使える！ 乗り物での便利な表現 音声 61

● ここで止めてください。

Halten Sie bitte hier.
　　ハルテン　　　ズィ　　ビッテ　　ヒーア

- -

● ここで降ります。

Ich steige hier aus.　※「降りる」という意味の分離動詞（p.41参照）aussteigen
　イヒ　　シュタイゲ　　ヒーア　　アウス　　　　［アウス・シュタイゲン］を使った表現です。

SZENE 1 交通 音声 **62**

電車/地下鉄に乗る

mit dem Zug/mit der U-Bahn fahren
ミト　デム　ツーク　ミト　デア　ウーバーン　ファーレン

1 ～までの切符をください。

Eine Fahrkarte nach
アイネ　　　　　　　ファール・カルテ　　　　　　　ナーハ

※前置詞nachは方向
「～へ」を表します。

Heidelberg, bitte.
ハイデルベルク　　　　　　　　ビッテ

= ハイデルベルク行きの**切符を1枚**ください。

2 ～でどのくらいかかりますか?

Wie lange dauert
ヴィー　　　　ランゲ　　　　　　ダウアート

※dauertは「時間がかかる」「経
過する」という意味の動詞dauern
[ダウアーン]の人称変化形です。

入れ替え**( )**

es mit dem Zug ?
エス　　　ミト　　デム　　　ツーク

※前置詞mitは手段「～で」
を表します。

= **電車で**どのくらい時間がかかりますか?

① 切符を購入する

［枚数 ＋ Fahrkarte/Fahrkarten（切符）］のあとに［nach ＋ 駅名（地名）］を続けて行き先を告げます。「～から～までの」なら、［von ＋ 出発地 ＋ nach ＋ 目的地］になります。

Zwei Fahrkarten **von** Augsburg **nach** München, bitte.
ツヴァイ　ファール・カルテン　フォン　アウクスブルク　ナーハ　ミュンヒェン　ビッテ

= アウクスブルク**から**ミュンヘン**までの**切符を2枚ください。

※このように2枚以上購入する場合は、複数形のFahrkartenを使います。

② かかる時間を尋ねる

［疑問詞wie（どのくらい）＋ 副詞lange（長さ）］は、時間的な長さを尋ねるのに使います。Wie lange dauert es?（どのくらい時間がかかりますか?）はよく使う表現なので、決まり文句として覚えましょう。

入れ替え語句

● 地下鉄で
mit der U-Bahn
ミト　デア　ウーバーン

● 特急列車で
mit dem Intercity
ミト　デム　インタースィティ

これも使える！ 駅で便利な表現

● ベルリン行きの電車は何時に出発しますか?

Wann fährt der Zug nach Berlin ab?
ヴァン　フェーアト　デア　ツーク　ナーハ　ベルリーン　アプ

※「出発する」という意味の分離動詞（p.41参照）abfahren［アプ・ファーレン］を使った表現です。

● ハンブルクには何時に到着しますか?

Wann kommen wir in Hamburg an?
ヴァン　コメン　ヴィア　イン　ハンブルク　アン

※「到着する」という意味の分離動詞ankommen［アン・コメン］を使った表現です。

フロントで

an der Rezeption
アン デア レツェプツィオーン

---

 1 予約しています。

Ich habe eine Reservierung
イヒ　　　　ハーベ　　　アイネ　　　　　　レザ**ヴィ**ールング

für zwei Nächte.
フュア　　ツ**ヴァ**イ　　　　ネヒテ

※「〜泊」という表現は、ドイツ語では「夜」という意味のNacht[ナハト]（複数形はNächte）を使います。

= **2泊**、予約しています。

---

 2 〜の部屋をお願いします。

Ich möchte ein
イヒ　　　　メヒテ　　　　アイン

※前置詞mitはここでは「〜が付いた」という意味です。

入れ替え**( )**

Zimmer mit Dusche .
ツィマー　　　　ミト　　　ドゥーシェ

= **シャワー付きの部屋**をお願いします。

※Ich möchteを省略して、Ein Zimmer〜と言ってもOK。
その場合は文末にbitte[ビッテ]を付けるのを忘れずに。

① 予約があることを伝える

動詞haben（p.74参照）とReservierung（予約）の組み合わせで「予約がある」という表現で、fürのあとには予約内容を続けます。für heute Abendなら「今晩の予約」です。予約していない場合は否定冠詞kein（p.29参照）を使って、次のように言いましょう。

Ich habe keine Reservierung. = 予約していません。
イヒ　ハーベ　**カイネ**　レザ**ヴィ**ールング

② 部屋の種類を伝える

助動詞möchteで要望を伝える表現（p.84参照）。mitのあとには泊まりたい部屋の種類や設備などを続けます。

TEIL 5

旅先で使える！ 場面別フレーズ

《》入れ替え語句

● バス付きのシングルルーム
Einzelzimmer mit Bad
アインツェル・**ツィ**マー　ミト　バート

● ダブルルーム
Doppelzimmer
ドッペル・**ツィ**マー

● ツインルームの部屋
Zimmer mit zwei Betten
ツィマー　ミト　**ツヴァ**イ　**ベッ**テン

● 眺めのいい部屋
Zimmer mit schöner Aussicht
ツィマー　ミト　**シェ**ーナー　**アウ**ス・**ズィ**ヒト

これも使える！ フロントでの便利な表現

● 1泊いくらですか？

Was kostet es pro Nacht?
ヴァス　**コ**ステット　エス　**プ**ロ　**ナ**ハト

※proは「〜につき、〜当たり」という意味の前置詞です。

- -

● 朝食付きですか？

Ist das Frühstück inbegriffen?
イスト　ダス　フ**リュ**ー・シュ**テュ**ック　**イ**ン・ベグ**リッ**フェン

※inbegriffenは「含まれている、込みの」という意味の形容詞です。

部屋で

im Hotelzimmer
イム　　　ホテル・ツィマー

---

1 ～がありません。

Es gibt keinen Fön.
エス　　　ギープト　　　カイネン　　　　フェーン

※keinenは否定冠詞kein [カイン] の男性名詞・4格の変化形です。

＝**ドライヤー**がありません。

. . . .

2 ～を持ってきてください。

Bringen Sie mir bitte
ブリンゲン　　　　ズィ　　　ミア　　　　ビッテ

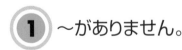

入れ替え**( )**

eine Decke ． ＝ **毛布を**持ってきてください。
アイネ　　　　　デッケ

. . . .

3 ～が使えません。

Die Klimaanlage funktioniert
ディ　　　　クリマ・アンラーゲ　　　　　　フンクツィオニーールト

nicht. ＝ エアコンが使えません。
ニヒト

※funktioniertは「機能する、作動する」という意味の動詞 funktionieren [フンクツィオニーレン] の人称変化形です。

① 部屋の備品などがないとき

［Es gibt + 否定冠詞 kein］を使った、部屋に何かがないことを伝える表現。否定冠詞は、あとに続く名詞の性と数で変化します（p.29参照）。

② 何かを持ってきてほしいとき

Bringen Sie mir bitte〜は「私に〜を持ってきてください」と要望を伝える表現。bitteのあとには持ってきてほしいものを続けます。

※この場合、名詞（持ってきてほしいもの）に付く冠詞は4格になります。

> **《》入れ替え語句**
>
> ● 白ワインをボトルで1本
> eine Flasche Weißwein
> アイネ　フラッシェ　**ヴァイス・ヴァイン**

③ 機器や設備が使えないとき

［funktioniert + 否定詞 nicht］で「機能しない」という表現。p.107で紹介した nicht in Ordnung（正常ではない）とほぼ同じ意味です。
　　　　　　　　　ニヒト　イン　オルドヌング

Die Dusche **funktioniert nicht**. = シャワーが使えません。
ディ　**ドゥーシェ**　フンクツィオニールト　ニヒト

これも使える! 要望を伝える便利な表現　🔊 音声 67

● 朝食をルームサービスでお願いします。

Ich möchte das Frühstück aufs Zimmer bestellen.
イヒ　メヒテ　ダス　フリュー・シュテュック　アウフス　**ツィマー**　ベシュテレン

※aufsは前置詞auf［アウフ］と定冠詞dasの融合形。aufs Zimmer（部屋）+ bestellen（注文する）で「ルームサービスを頼む」という意味になります。

- -

● エキストラベッドをお願いできますか?

Kann ich ein Extrabett im Zimmer haben?
カン　イヒ　アイン　**エクストラ・ベット**　イム　**ツィマー**　ハーベン

※imは前置詞in［イン］と定冠詞dem［デム］の融合形です。

市場で

im Markt
イム　マルクト

1 ～を探しています。

Ich suche ein Geschäft mit
イヒ　　　　ズーヘ　　　　アイン　　　　ゲシェフト　　　　ミト

günstigen Preisen.
ギュンスティゲン　　　　　　プライゼン

※günstigen は「有利な」という意味の形容詞 günstig［ギュンスティヒ］の変化形（複数・3格）です。

= 手頃な値段の**お店を**探しています。

- -

2 ～はどこで買えますか？

入れ替え**( )**

Wo kann man das kaufen?
ヴォー　　　　カン　　　　マン　　　ダス　　　カウフェン

= **それは**どこで買えますか？

※man は不特定の人を表す代名詞です。通常日本語訳には反映されません。

- -

3 ～は何ですか？

Was sind die Spezialitäten
ヴァス　　　ズィント　　　ディ　　　シュペツィアリテーテン

dieser Stadt? = この町の**特産品**は何ですか？
ディーザー　　　シュタット

※動詞 sein［ザイン］（～である）はここでは三人称複数の変化形になっています。
※Spezialitäten は Spezialität［シュペツィアリテート］（特産品）の複数形です。

① 店や品物を教えてもらう

「探す」という意味の動詞suchen（ズーヘン）を使った表現です。動詞のあとに、探している店やものを続けます。

Ich **suche** ein Geschenk für meine Schwester.
イヒ　ズーヘ　アイン　ゲシェンク　フュア　マイネ　シュヴェスター

＝ 妹（姉）にプレゼントを探しています。

② 買うことができる場所を尋ねる

疑問詞wo（どこ）と助動詞können（ケネン）（～できる）に、「買う」という意味の動詞kaufenを組み合わせて、購入できる場所を尋ねる表現です。

（）入れ替え語句

● 果物	● チーズ	● ソーセージ	● ケーキ
Obst	Käse	Wurst	Kuchen
オープスト	ケーゼ	ヴルスト	クーヘン

③ 地元ならではの名物を尋ねる

[Was（何）＋seinの人称変化形～?]（ザイン）とSpezialitätenを使って、特産品が何かを尋ねる表現。Stadt（町）をGegend（地方）（ゲーゲント）にしてもOK。

これも使える！ 市場で便利な表現　音声 69

● ジャガイモを1キロお願いします。

Ich hätte gern ein Kilo Kartoffeln.
イヒ　ヘッテ　ゲルン　アイン　キーロ　カルトッフェルン

※動詞haben［ハーベン］の接続法第2式（p.44参照）を使った丁寧な表現。計り売りの食材などを買う場合、このように名詞（買いたいもの）の前に[数＋単位]を加えます。

- -

● アップルケーキを3個ください。

Drei Stück Apfelkuchen, bitte.
ドライ　シュテュック　アプフェル・クーヘン　ビッテ

※Stückは「～個」。このように、単位としてのStückは常に単数形で使われます。

SZENE 3 ショッピング 音声 **70**

デパート/ショップで

im Kaufhaus/im Geschäft
イム　**カウフ**・ハウス　イム　**ゲシェフト**

1　〜売り場はどこですか?

入れ替え（）

Wo ist | die Bekleidungsabteilung | ?
ヴォー　イスト　ディ　ベク**ライ**ドゥングス・アプ**タイ**ルング

＝ **衣料品売り場は**
どこですか?

※Bekleidungsabteilungは Bekleidung（衣料品）と
Abteilung（売り場）が1つになった複合名詞。このように単語と
単語の間にsが付く場合もあります。

2　〜色の〜がほしいです。

Ich möchte einen
イヒ　　　**メ**ヒテ　　　　アイネン

入れ替え（）

schwarzen Pullover.
シュ**ヴァル**ツェン　　　プル**オー**バー

＝ **黒い**セーターがほしいです。

※schwarzenは形容詞 schwarz［シュ**ヴァル**ツ］
（黒い）の（男性名詞・4格に対する）変化形で、
語尾に-enが付いています。

3　他の〜はありますか?

※anderenは形容詞 ander［**アン**ダー］（他
の）に変化語尾-enが付いたものです。

Haben Sie das in einer anderen Größe?
ハーベン　ズィ　**ダ**ス　イン　アイナー　　　**アン**ダレン　　　グレーセ

＝ 他の**サイズ**はありますか?

118

① 売り場がどこかを尋ねる

疑問詞wo（どこ）と、語尾に-abteilung（売り場）が付いた名詞を使って、売り場を尋ねる表現。Abteilungの本来の意味は「部門」ですが、デパートでは「売り場」を意味します。

《》入れ替え語句

● 台所用品売り場
die Haushaltswarenabteilung
ディ　ハウスハルツ・**ヴァー**レン・アプ**タ**イルング

● アクセサリー売り場
die Schmuckwarenabteilung
ディ　シュ**ムッ**ク・**ヴァー**レン・アプ**タ**イルング

● 文房具売り場
die Schreibwarenabteilung
ディ　シュライブ・**ヴァー**レン・アプ**タ**イルング

● おもちゃ売り場
die Spielzeugabteilung
ディ　シュピールツォイク・アプ**タ**イルング

② 色＋ほしいものを伝える

助動詞möchte（p.84参照）を使い、ほしいものが何かと、その色を伝える表現。色を表す形容詞は冠詞と名詞（ほしいもの）の間に置きます。

※以下の形容詞は、修飾する名詞Pullover（セーター）が男性名詞なので、その性に応じた変化語尾-enが付いています。

《》入れ替え語句

● 白い	● 赤い	● 青い	● 黄色い	● 緑色の
weißen	roten	blauen	gelben	grünen
ヴァイセン	**ロー**テン	ブ**ラ**ウエン	**ゲル**ベン	グ**リュー**ネン

③ 他のバリエーションを尋ねる

p.75で学習した Haben Sie～?（～はありますか?）に形容詞anderを組み合わせて、他のバリエーションがあるかを尋ねる表現です。

Haben Sie das auch in **anderen** Farben? ＝ 他の色はありますか?
ハーベン　ズィ　**ダ**ス　アウホ　イン　**アン**ダレン　**ファ**ルベン

Haben Sie das auch aus einem **anderen** Material?
ハーベン　ズィ　**ダ**ス　アウホ　**ア**ウス　アイネム　**アン**ダレン　マテリ**アー**ル
＝ 他の素材はありますか?

※auchは「～もまた」という意味の副詞です。前置詞inとausはいずれも3格の名詞と結びつきます。ausはここでは素材（～製の）を表します。

● ただ見ているだけです。

Danke, ich schaue nur.
ダンケ　　　　イヒ　　　シャウエ　　　ヌア

※dankeは、ここでは「結構です」という意味合いで使われています。nurは「ただ〜だけ」という意味の副詞です。

● おすすめのお土産はありますか？

Können Sie mir bitte Souvenirs empfehlen?
ケネン　　　　ズィ　　ミア　　　ビッテ　　　スーヴェニーアス　　　エンプフェーレン

● 他のを見せてください。

Können Sie mir bitte etwas anderes zeigen?
ケネン　　　　ズィ　　ミア　　　ビッテ　　　エトヴァス　　　アンダレス　　　ツァイゲン

※etwasは「（不特定の）何か」という意味の名詞。etwasを修飾する形容詞ander［アンダー］（他の）は例外的に名詞のあとに置き、語尾変化は-esになります。

● 試着してもいいですか？

Darf ich das anprobieren?
ダルフ　イヒ　ダス　　アン・プロビーレン

● それにします。

Das nehme ich.
ダス　　　ネーメ　　イヒ

● 全部でいくらですか？

Was macht das zusammen?
ヴァス　　　マハト　　　ダス　　　ツザメン

□ シャツ
das Hemd
ダス　ヘムト

□ コート
der Mantel
デア　マンテル

□ ブーツ
die Stiefel 複
ディ シュティーフェル

□ ブラウス
die Bluse
ディ ブルーゼ

□ 手袋
die Handschuhe 複
ディ　ハント・シューエ

□ バッグ
die Tasche
ディ　タッシェ

□ ジャケット
die Jacke
ディ　ヤッケ

□ ネクタイ
die Krawatte
ディ　クラヴァッテ

□ 財布
das Portemonnaie
ダス　ポルトモネー

□ ベスト
die Weste
ディ　ヴェステ

□ スカーフ
der Schal
デア　シャール

□ ベルト
der Gürtel
デア　ギュルテル

□ スカート
der Rock
デア　ロック

□ 靴下
die Socken 複
ディ　ゾッケン

□ 香水
das Parfüm
ダス　パーフューム

□ パンツ（ズボン）
die Hose
ディ　ホーゼ

□ ストッキング
die Strümpfe 複
ディシュトゥリュンプフェ

□ イヤリング
die Ohrringe 複
ディ　オーア・リンゲ

TEIL
5
旅先で使える！ 場面別フレーズ

豆知識 **服と靴のサイズ**

ドイツでは洋服や靴のサイズ表記が日本と異なります。

服（女性用）						
ドイツ	34	36	38	40	42	
日本	7 (S)	9 (M)	11 (L)	13 (LL)	15 (3L)	
服（男性用）						
ドイツ	44	46	48	50	52	
日本	S	M		L	LL	
靴						
ドイツ	35	36	37	38	39	40	41	42
日本	22.5	23	23.5	24	25	26	26.5	27

サイズはメーカーによっても微妙に異なるので、商品を購入するときは試着して確認することをおすすめします。

カフェで

im Café
イム　カフェー

---

1 ～は空いていますか？

Ist dieser Tisch frei?

イスト　　　　ディーザー　　　　　ティシュ　　　　フライ

= この**テーブル**は空いていますか？

※dieserは「この」という意味の指示代名詞です。

---

2 ～でください。

Ein Kännchen Kaffee, bitte.

アイン　　　　　　ケンヒェン　　　　　　　　カフェ　　　　　　ビッテ

= コーヒーを**ポット**で**1つ**ください。

※Kännchenは Kanne［カネ］（ポット）に縮小語尾（小さいものやかわいらしいものを
示す語尾）-chen が付いた名詞で、「小さいポット」を意味します。

---

3 どんな種類がありますか？

入れ替え( )

Was für Kuchen haben Sie?

ヴァス　　　フュア　　　　　　　クーヘン　　　　　　　　ハーベン　　　　ズィ

= どんな種類の**ケーキ**がありますか？

① 座ってもいいか確認する

「空いている」という意味の形容詞freiを使い、そのテーブル席に座ってもいいかを確認する表現。電車やバス、劇場やスタジアムでは、次のようにPlatz（座席）を使って尋ねましょう。

Ist dieser **Platz** frei?
イスト ディーザー プラッツ フライ

= この**席**は空いていますか？

※freiの反対語はbesetzt [ベゼット]（ふさがっている、使用中）またはreserviert [レザヴィールト]（予約済み）。

② 飲み物の容器を指定する

コーヒーや紅茶など、名詞（飲み物）の前に［数 + 容器を表す単語］を加えて、飲み物を注文する表現です。

Eine Tasse Tee, bitte.
アイネ タッセ テー ビッテ

= 紅茶を**カップで1つ**ください。

※容器（単位）を表す単語は、数が複数でも単数形を使いますが、Tasseのように語尾が-eの場合は複数形になります。

紅茶をカップで2つ
zwei Tassen Tee
ツヴァイ タッセン テー

Ein Glas Apfelsaft, bitte.
アイン グラース ア**プフェル・ザ**フト ビッテ

= リンゴジュースを**グラスで1杯**ください。

Eine Flasche Mineralwasser mit Gas, bitte.
アイネ フラッシェ ミネラール・ヴァッサー ミト ガース ビッテ

= 炭酸入りのミネラルウォーターを**ボトルで1本**ください。

※前置詞mit（～入りの）+ Gasで「炭酸入りの」。mitをohne [オーネ]（～なしの）にすれば、「炭酸なしの」になります。

③ 料理の種類を尋ねる

p.91で学習したWas für～?を使って種類を尋ねる表現。いくつかある種類を尋ねているので、名詞には複数形が使われます。

（）入れ替え語句

● トルテ
Torten
トルテン

※「トルテ」は、スポンジ台にクリームやフルーツなどを飾ったケーキ。代表格はチョコレートケーキSachertorte [ザッハー・トルテ] です。

● 飲み物
Getränke
ゲトレンケ

SZENE 4 食事 音声 **73**

レストランで

im Restaurant
イム　　　レストラーン

---

① ～の予約をしたいです。

※ここで Tisch（テーブル）は「（テーブル）席」のことです。

Ich möchte einen Tisch für
イヒ　　　　メヒテ　　　　　アイネン　　　　**ティ**シュ　　　フュア

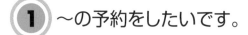

入れ替え**( )**

morgen reservieren.
モルゲン　　　　　　レザ**ヴィ**ーレン

＝ **明日**の席の予約をしたいです。

---

② ～のメニューはありますか？

※Speisekarteは料理のメニュー。飲み物のメニューはGetränkekarte［ゲト**レ**ンケ・**カ**ルテ］です。

Haben Sie die Speisekarte
ハーベン　　　　ズィ　　　ディ　　　　シュ**パ**イゼ・**カ**ルテ

入れ替え**( )**

auf Japanisch ? ＝ 日本語の（料理の）
アウフ　　　　ヤ**パ**ーニシュ 　　　　　　　　　　メニューはありますか？

---

③ ～をください。

※Tagesmenüは「日替わりのコース料理」という意味。Tag（日）とMenü（コース料理）の複合名詞で、単語と単語の間にesが付いています。

Ich nehme das Tagesmenü.
イヒ　　　ネーメ　　　ダス　　　**ター**ゲス・**メ**ニュー

＝ **本日のコース料理**をください。

124

① 席を予約する

助動詞möchte（p.84参照）とreservierenを使った予約の表現です。

（）入れ替え語句

● 今週の土曜日
diesen Samstag
ディーゼン　ザムス・タークゥ

● 来週の日曜日
nächsten Sonntag
ネーヒステン　ゾン・タークゥ

● 2名
zwei Personen
ツヴァイ　ベルゾーネン

● 今晩8時
heute Abend um acht Uhr
ホイテ　アーベント　ウム　アハト　ウーア

② 何のメニューがほしいかを伝える

Haben Sie〜?で持ってきてほしいメニューの種類を伝えます。

（）入れ替え語句

● 英語の
auf Englisch
アウフ　エングリシュ

● ベジタリアンの
für Vegetarier
フュア　ヴェゲターリア

● 子ども用
für Kinder
フュア　キンダー

③ 料理を注文する

「選ぶ、取る」という意味の動詞nehmen（ネーメン）を使った注文の表現で、「私は〜を選びます」→「〜をください」という意味になります。

関連語句

□ ナイフ	□ グラス	□ 塩	□ マスタード
das Messer	**das Glas**	**das Salz**	**der Senf**
ダス　メッサー	ダス　グラース	ダス　ザルツ	デア　ゼンフ
□ フォーク	□ カップ、茶碗	□ こしょう	□ 酢
die Gabel	**die Tasse**	**der Pfeffer**	**der Essig**
ディ　ガーベル	ディ　タッセ	デア　プフェッファー	デア　エスィヒ
□ スプーン	□ 皿	□ 砂糖	□ バター
der Löffel	**der Teller**	**der Zucker**	**die Butter**
デア　レッフェル	デア　テラー	デア　ツッカー	ディ　ブッター

● 地元のワインを飲んでみたいのですが。

Ich möchte gern einen Wein aus der
イヒ　　メヒテ　　ゲルン　　アイネン　　**ヴァ**イン　　アウス　デア

Region probieren.
レギ**オ**ーン　　プロビーレン

※Regionは「地域」という意味の名詞。Wein aus der Regionで「地元のワイン」という意味になります。

● おすすめの名物料理は何ですか？

Welche regionale Spezialität können Sie
ヴェルヒェ　　レギオ**ナ**ーレ　　シュペツィアリテート　　**ケ**ネン　　ズィ

mir empfehlen?
ミア　　エンプ**フェ**ーレン

※welcheは英語の「which」に当たる疑問詞welch[**ヴェ**ルヒ]（どの）の変化形、regionaleは「地域の」という意味の形容詞regional[レギ**ナ**ール]の変化形です。

● それはどんな料理ですか？

Was für ein Gericht ist das?
ヴァス　フュア　アイン　　ゲ**リ**ヒト　　イスト　ダス

● デザートには何がありますか？

Was haben Sie zum Nachtisch?
ヴァス　　**ハ**ーベン　　ズィ　　ツム　　**ナ**ーハ・ティシュ

※zumは前置詞zu[ツー]（〜に）と定冠詞dem[デム]の融合形です。

● お会計をお願いします。

Die Rechnung, bitte.
ディ　　　**レ**ヒヌング　　　ビッテ

● 領収書をもらえますか？

Kann ich eine Quittung haben?
カン　　イヒ　　アイネ　　ク**ヴィ**ットゥング　　　**ハ**ーベン

※Quittungは「領収書」という意味です。

メニュー

SPEISEKARTE

シュパイゼ・カルテ

音声 75

Vorspeisen [フォア・シュパイゼン]　　　　　　　　　　　　　前菜

小エビのカクテル	スモークサーモン	カモのテリーヌ
Krabbencocktail	*Räucherlachs*	*Ententerrine*
クラッベン・**コ**クテール	**ロ**イヒャー・**ラ**ックス	**エ**ンテン・テリーネ

Salate [ザラーテ]　　　　　　　　　　　　　　　　　サラダ

シェフのおすすめサラダ	ミックスサラダ	シーフードサラダ
Chefsalat	*Gemischter Salat*	*Meeresfrüchtesalat*
シェフ・ザ**ラ**ート	ゲ**ミ**ッシュター　ザ**ラ**ート	**メ**ーレス・フ**リュ**ヒテ・ザ**ラ**ート

TEIL 5 旅先で使える！ 場面別フレーズ

Suppen [ズッペン]　　　　　　　　　　　　　　　　スープ

日替わりスープ	ポタージュスープ	テールスープ
Tagessuppe	*Gebundene Suppe*	*Ochsenschwanzsuppe*
ターゲス・**ズ**ッペ	ゲ**ブ**ンデネ　　**ズ**ッペ	**オ**クセン・シュ**ヴ**ァンツ・**ズ**ッペ

Hauptgerichte [ハウプト・ゲ**リ**ヒテ]　　　　　　　メインディッシュ

──── *Fischgerichte* [フィッシュ・ゲ**リ**ヒテ] 魚料理 ────

マスのムニエル	舌ビラメのフライ	カレイのフィレ
Forelle Müllerin	*Gebratene Seezunge*	*Schollenfilet*
フォ**レ**レ　　ミュ**ラ**リン	ゲブ**ラ**ーテネ　　**ゼ**ーツンゲ	**シ**ョレン・フィ**レ**ー

──── *Fleischgerichte* [フライシュ・ゲ**リ**ヒテ] 肉料理 ────

アイスバイン	牛肉のワイン煮	ウィーン風カツレツ
Eisbein	*Sauerbraten*	*Wiener Schnitzel*
アイス・**バ**イン	**ザ**ウアー・ブ**ラ**ーテン	**ヴ**ィーナー　シュ**ニ**ッツェル

Nachspeisen [ナーハ・シュ**バ**イゼン]　　　　　　　　デザート

アイスクリームの盛り合わせ	アップルパイ	ムース
Gemischtes Eis	*Apfelstrudel*	*Mousse*
ゲ**ミ**ッシュテス　**ア**イス	**ア**プフェル・シュトゥ**ルー**デル	**ム**ース

Getränke [ゲトレンケ]　　　　　　　　　　　　　　飲み物

ミネラルウォーター	スパークリングワイン	カクテル
Mineralwasser	*Sekt*	*Cocktail*
ミネ**ラ**ール・**ヴ**ァッサー	**ゼ**クト	**コ**クテール

SZENE 4 食事 音声 **76**

ビアホールで

in der Bierhalle
イン デア ビーア・ハレ

---

1 〜（種類）のビールをください。

入れ替え**( )**

Zwei **Pils vom Fass** , **bitte**.
ツヴァイ　　ピルス　　　フォム　　ファス　　　　　ビッテ

= **生のピルスナービール**を2つください。

※Pilsはチェコ生まれのビールPilsner [ピルスナー] の略称。ドイツで最もポピュラーなビールです。
※Fassは「樽 (たる)」。Fass＋Bier [ビーア] でFassbier (生ビール) という複合名詞もあります。

---

2 〜（サイズ）のビールをください。

入れ替え**( )**

Ich möchte **eine Maß Bier** , **bitte**.
イヒ　　メヒテ　　　　アイネ　　マース　　ビーア　　　　ビッテ

= **1リットルジョッキのビール**を1杯ください。

※Maßはビールの量を表す単位。「1マース」＝「1リットル」です。

---

3 〜のソーセージをください。

Ich hätte gern eine **Currywurst**.
イヒ　　ヘッテ　　　ゲルン　　アイネ　　　　ケリー・ヴルスト

= **カレーソーセージ**を1つください。

※hätteは動詞haben [ハーベン] (持っている) の接続法第2式の人称変化形です。
★Currywurstはカレーケチャップがかかったベルリン名物のソーセージです。

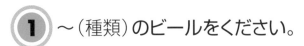

① ビールを注文する

ビールの注文は［数 + ビールの種類］にbitteを添えるだけ。ビール大国ドイツには、さまざまな種類のビールがあります。

> **〈〉入れ替え語句**
>
> ● アルト
> **Alt**
> アルト
> ★「年とった」という意味の濃色ビール。
>
> ● エクスポート
> **Export**
> エクスポルト
> ★賞味期限が長く、他都市への輸出に適したビール。
>
> ● メルツェン
> **Märzen**
> メルツェン
> ★3月（März［メルツ］）に醸造されたことが名の由来。
>
> ● ヴァイツェン
> **Weizen**
> ヴァイツェン
> ★大麦ではなく小麦（Weizen）の麦芽で醸造されるビール。

② ジョッキのサイズを伝える

助動詞möchte（p.84参照）を使ってジョッキのサイズを伝えます。

> **〈〉入れ替え語句**
>
> ● 半リットルのジョッキのビールを1杯
> **ein großes Bier**
> アイン　グローセス　ビーア
>
> ● 1/3リットルのジョッキのビールを1杯
> **ein kleines Bier**
> アイン　クライネス　ビーア
>
>
>
> ※形容詞großes（大）は半リットル、kleines（小）は1/3リットルのジョッキを表します。

③ ソーセージを注文する

ビールの注文と同様、［数 + ソーセージの種類, bitte］でも注文できますが、このように動詞の接続法第2式（p.44参照）を使うと、丁寧な表現になります。

※おもなソーセージの種類は巻末付録「お役立ち単語帳」のp.139で紹介しています。

サッカースタジアムで

im Fußballstadion
イム フースバル・シュターディオン

---

1 どのチームの〜ですか?

Wer spielt heute?
ヴェア　　　　シュピールト　　　　ホイテ

※ spieltは「運動する、試合をする」
という意味の動詞 spielen［シュピー
レン］の人称変化形です。

= 今日はどのチームの**試合**ですか?

---

2 〜はまだありますか?

Haben Sie noch
ハーベン　　　　ズィ　　　　ノホ

※ nochは「まだ」という
意味の副詞です。

入れ替え**( )**

Karten für heute ?
カルテン　　　フュア　　　ホイテ

= **今日**のチケットは
まだありますか?

---

3 〜の席はどこですか?

Wo liegen die nicht
ヴォー　　　リーゲン　　　ディ　　　ニヒト

reservierten Plätze?
レザヴィールテン　　　　　プレッツェ

※ PlätzeはPlatz［プラッツ］
（座席）の複数形（1格）です。

= **自由席**はどこですか?

① どのチームかを尋ねる

疑問詞werは本来「誰」という意味ですが、ここでは「どのチーム」という意味で使われています。

② 観戦日を指定して購入する

Haben Sie～? に副詞nochを組み合わせて、何かがまだあるかを尋ねる表現です。Karten（チケット）のあとに [für（～の）＋ 日時] を続けて、いつのチケットがほしいかを伝えます。

```
（）入れ替え語句
● 明日            ● 今週の日曜日          ● 次のホームゲーム
 morgen        diesen Sonntag      das nächste Heimspiel
 モルゲン         ディーゼン ゾン・ターク     ダス  ネーヒステ  ハイム・シュピール
```

③ 座席がどこかを尋ねる

疑問詞wo（どこ）のあとに、「横たわっている、ある」という意味の動詞liegenを続けた疑問文で、何かがどこにあるかを尋ねる表現です。

「指定席」はreservierter Platz（予約した席）と言いますが、ここでは否定詞nichtが付いて、「予約していない席 → 自由席」となっています。
（reservierter のルビ：レザヴィールター）

※この「自由席」「指定席」という表現は、スタジアムだけでなく、列車や劇場の席の場合にも同じように使われるので、覚えておきましょう。

131

オペラ劇場で

im Opernhaus
イム　オーバン・ハウス

---

1 演目は何ですか?

Was steht heute
ヴァス　　　　シュテート　　　　ホイテ

auf dem Programm?
アウフ　　　デム　　　　　プログラム

※stehtは「立っている、書いてある」という意味の動詞stehen[シュテーエン]の三人称単数形です。

= 今日の**演目は**何ですか?

---

2 誰が演じるのですか?

Wer spielt die Hauptrolle?
ヴェア　　　シュピールト　　　ディ　　　　　ハウプト・ロレ

= **主役は**誰が演じるのですか?

---

3 何時から始まりますか?

Wann beginnt die
ヴァン　　　　　ベギント　　　　ディ

※beginntは「始まる」という意味の動詞beginnen[ベギネン]の三人称単数形です。

nächste Aufführung?
ネーヒステ　　　　　アウフ・フュールンク

= **次のステージは**何時から始まりますか?

※nächsteは「次の」という意味の形容詞nächst[ネーヒスト]の変化形(1格)です。

① 演目を尋ねる

　動詞stehenとauf dem Programmで「プログラムに載っている」という意味。疑問詞was（何）を使った疑問文で「何がプログラムに載っていますか？ → 演目は何ですか？」と尋ねる表現になります。

② 「演じる」という意味もあるspielen

　p.130で学習した動詞spielen（シュピーレン）は「運動する、スポーツをする」という意味の他、「演じる」という意味もあります。「（俳優の）役、役割」という意味のRolle（ロレ）を使った例を見てみましょう。

Sie **spielt** eine wichtige **Rolle**.
ズィ　シュピールト　アイネ　　ヴィヒティゲ　　　ロレ
＝ 彼女は重要な役割を演じます。

③ 開演時間を尋ねる

　疑問詞wann（いつ）と動詞beginnenを使った疑問文で、開演時間を尋ねる表現。「上演、上映」という意味のAufführungはオペラだけでなく、芝居、映画、演奏会などの出し物にも共通して使えます。

　終演時間を尋ねるには、次のように「終わる」という意味の動詞enden（エンデン）を使います。

Wann **endet** die **Aufführung**?
ヴァン　　エンデット　ディ　　アウフ・フュールング
＝ そのステージは何時に終わりますか？

おさらい練習問題

次の日本語訳に対応するよう、適切な単語を空欄に記入してください。

1. 私の席はどこですか？

   Wo ist ⬚ Platz?

2. このバスは市庁舎へ行きますか？

   ⬚ dieser Bus zum Rathaus?

3. ハイデルベルク行きの切符を1枚ください。

   Eine ⬚ nach Heidelberg, bitte.

4. バス付きの部屋をお願いします。

   Ich möchte ein Zimmer mit ⬚ .

5. 毛布を持ってきてください。

   ⬚ Sie mir bitte eine Decke.

6. それはどこで買えますか？

   Wo kann man das ⬚ ?

7. 黒いセーターがほしいです。

   Ich möchte einen ⬚ Pullover.

8. 試着してもいいですか？

   ☐ ich das anprobieren?

9. どんな種類のケーキがありますか？

   ☐ für Kuchen haben Sie?

10. 明日の席の予約をしたいです。

   Ich möchte einen Tisch

   für morgen ☐ .

11. お会計をお願いします。

   Die ☐ , bitte.

12. 1リットルジョッキのビールを1杯ください。

   Ich möchte eine Maß ☐ , bitte.

13. 今日のチケットはまだありますか？

   Haben Sie noch ☐ für heute?

14. 次のステージは何時から始まりますか？

   Wann ☐ die nächste Aufführung?

正解： 1. mein 2. Fährt 3. Fahrkarte 4. Bad 5. Bringen 6. kaufen
7. schwarzen 8. Darf 9. Was 10. reservieren 11. Rechnung
12. Bier 13. Karten 14. beginnt

動詞の人称変化一覧表

おもな動詞の人称変化形（現在形）をまとめました。不規則動詞では、特に三人称単数の形に注意しましょう。

	単数			複数
□ ：規則動詞 ■ ：不規則動詞	ich	Sie	er/sie/es	wir/Sie/sie
sein ザイン （〜である）	bin ビン	sind ズィント	ist イスト	sind ズィント
geben ゲーベン （与える）	gebe ゲーベ	geben ゲーベン	gibt ギーフト	geben ゲーベン
haben ハーベン （持っている）	habe ハーベ	haben ハーベン	hat ハット	haben ハーベン
werden ヴェルデン （〜になる）	werde ヴェルデ	werden ヴェルデン	wird ヴィルト	werden ヴェルデン
machen マッヘン （する、作る）	mache マッヘ	machen マッヘン	macht マハト	machen マッヘン
sagen ザーゲン （言う）	sage ザーゲ	sagen ザーゲン	sagt ザークト	sagen ザーゲン
rufen ルーフェン （呼ぶ）	rufe ルーフェ	rufen ルーフェン	ruft ルーフト	rufen ルーフェン
sprechen シュプレッヒェン （話す）	spreche シュプレッヒェ	sprechen シュプレッヒェン	spricht シュプリヒト	sprechen シュプレッヒェン
fragen フラーゲン （尋ねる）	frage フラーゲ	fragen フラーゲン	fragt フラークト	fragen フラーゲン
lesen レーゼン （読む）	lese レーゼ	lesen レーゼン	liest リースト	lesen レーゼン

	単 数			複 数
	ich	Sie	er/sie/es	wir/Sie/sie
gehen ゲーエン （行く）	gehe ゲーエ	gehen ゲーエン	geht ゲート	gehen ゲーエン
kommen コメン （来る）	komme コメ	kommen コメン	kommt コムト	kommen コメン
suchen ズーヘン （探す）	suche ズーヘ	suchen ズーヘン	sucht ズーフト	suchen ズーヘン
kaufen カウフェン （買う）	kaufe カウフェ	kaufen カウフェン	kauft カウフト	kaufen カウフェン
bezahlen ベツァーレン （支払う）	bezahle ベツァーレ	bezahlen ベツァーレン	bezahlt ベツァールト	bezahlen ベツァーレン
trinken トリンケン （飲む）	trinke トリンケ	trinken トリンケン	trinkt トリンクト	trinken トリンケン
essen エッセン （食べる）	esse エッセ	essen エッセン	isst イスト	essen エッセン
benutzen ベヌッツェン （使う）	benutze ベヌッツェ	benutzen ベヌッツェン	benutzt ベヌッツト	benutzen ベヌッツェン
öffnen エフネン （開ける、開く）	öffne エフネ	öffnen エフネン	öffnet エフネト	öffnen エフネン
schließen シュリーセン （閉める、閉まる）	schließe シュリーセ	schließen シュリーセン	schließt シュリースト	schließen シュリーセン
kennen ケネン （知っている）	kenne ケネ	kennen ケネン	kennt ケント	kennen ケネン
verstehen フェア・シュテーエン （理解する）	verstehe フェア・シュテーエ	verstehen フェア・シュテーエン	versteht フェア・シュテート	verstehen フェア・シュテーエン

付録① 動詞の人称変化一覧表

付録②
お役立ち単語帳

乗り物
Fahrzeug
ファール・ツォイク

- □ 飛行機　Flugzeug 中
  フルーク・ツォイク
- □ タクシー　Taxi 中
  タクスィ
- □ バス　Bus 男
  ブス
- □ 電車　Zug 男
  ツーク
- □ 地下鉄　U-Bahn 女
  ウーバーン
- □ 市電（路面電車）　Straßenbahn 女
  シュトラーセン・バーン
- □ ドイツ鉄道　Deutsche Bahn 女
  ドイチェ　バーン

ホテルの部屋
Hotelzimmer
ホテル・ツィマー

- □ 机　Schreibtisch 男
  シュライブ・ティッシュ
- □ 椅子　Stuhl 男
  シュトゥール
- □ テレビ　Fernseher 男
  フェルン・ゼーア
- □ 冷蔵庫　Kühlschrank 男
  キュール・シュランク
- □ ベッド　Bett 中
  ベット
- □ 練り歯磨き　Zahnpasta 女
  ツァーン・パスタ
- □ 歯ブラシ　Zahnbürste 女
  ツァーン・ビュルステ
- □ シャンプー　Shampoo 中
  シャンプー
- □ リンス　Haarspülung 女
  ハー・シュピュールング
- □ セッケン　Seife 女
  ザイフェ
- □ バスタオル　Badetuch 中
  バーデ・トゥーフ

野菜・果物
Gemüse und Obst
ゲミューゼ　ウント　オープスト

- □ アスパラガス　Spargel 複
  シュパルゲル
- □ ブロッコリー　Brokkoli 複
  ブロッコリ
- □ キャベツ　Kohl 男
  コール
- □ ホウレンソウ　Spinat 男
  シュピナート
- □ タマネギ　Zwiebeln 複
  ツヴィーベルン
- □ ニンジン　Möhren 複
  メーレン
- □ ジャガイモ　Kartoffeln 複
  カルトッフェルン
- □ マッシュルーム　Champignons 複
  シャンピニョーンス
- □ リンゴ　Äpfel 複
  エプフェル
- □ 洋梨　Birnen 複
  ビルネン
- □ アンズ　Aprikosen 複
  アプリコーゼン
- □ バナナ　Bananen 複
  バナーネン
- □ オレンジ　Orangen 複
  オラーンジェン
- □ イチゴ　Erdbeeren 複
  エーアト・ベーレン
- □ サクランボ　Kirschen 複
  キルシェン
- □ ブドウ　Trauben 複
  トラウベン

肉
Fleisch
フライシュ

- [ ] 仔牛肉　Kalbfleisch 🈹
  カルプ・フライシュ
- [ ] 牛肉　Rindfleisch 🈹
  リント・フライシュ
- [ ] 豚肉　Schweinefleisch 🈹
  シュヴァイネ・フライシュ
- [ ] 鶏肉　Hühnerfleisch 🈹
  ヒューナー・フライシュ
- [ ] 仔羊肉　Lammfleisch 🈹
  ラム・フライシュ
- [ ] 羊肉　Hammelfleisch 🈹
  ハンメル・フライシュ

魚介類
Meeresfrüchte
メーレス・フリュヒテ

- [ ] ハマグリ　Venusmuscheln 複
  ヴェーヌス・ムシェルン
- [ ] ムール貝　Miesmuscheln 複
  ミース・ムシェルン
- [ ] ホタテ貝　Jakobsmuscheln 複
  ヤーコブス・ムシェルン
- [ ] カキ　Austern 複
  アウスタン
- [ ] 芝エビ　Garnelen 複
  ガルネーレン
- [ ] ロブスター　Hummer 男
  フマー
- [ ] カニ　Krabben 複
  クラッベン
- [ ] イカ　Tintenfisch 男
  ティンテン・フィッシュ
- [ ] スズキ　Barsch 男
  バルシュ
- [ ] サーモン　Lachs 男
  ラックス
- [ ] カレイ　Scholle 女
  ショレ
- [ ] 舌ビラメ　Seezunge 女
  ゼーツゥンゲ
- [ ] アンチョビ　Anschovis 女
  アンショーヴィス
- [ ] ウナギ　Aal 男
  アール

パン
Brot
ブロート

- [ ] 小麦の白パン　Weizenbrot 🈹
  ヴァイツェン・ブロート
- [ ] ライ麦パン　Roggenbrot 🈹
  ロッゲン・ブロート
- [ ] 小型の丸パン　Semmel 女
  ゼンメル
- [ ] プレッツェル　Brezel 女
  ブレーツェル
- [ ] シュトーレン　Stollen 男
  シュトレン

★クリスマスの時期に欠かせない菓子パン。ドライフルーツやナッツが入っています。

ソーセージ
Wurst
ヴルスト

- [ ] ゆでソーセージ　Brühwurst 女
  ブリュー・ヴルスト
- [ ] フランクフルター　Frankfurter 女
  フランクフルター

  ★豚挽肉（ぶたひきにく）の腸詰めを薫製（くんせい）にした、フランクフルト・ソーセージ。

- [ ] ヴァイスヴルスト　Weißwurst 女
  ヴァイス・ヴルスト

  ★仔牛の挽肉（ひきにく）と新鮮な豚肉のベーコンが原料。

- [ ] 焼きソーセージ　Bratwurst 女
  ブラート・ヴルスト

- [ ] ニュルンベルガー　Nürnberger 女
  ニュルンベルガー

  ★ニュルンベルクの名物ソーセージ。他のソーセージに比べて少々小ぶり。

- [ ] チューリンガー　Thüringer 女
  テューリンガー

  ★チューリンゲンの名物ソーセージ。炭火でグリルするのが正統派。

alkoholfreie Getränke
アルコホール・フライエ　ゲトレンケ

☐ ミネラルウォーター	Mineralwasser 中 ミネラール・ヴァッサー
☐ 炭酸入りの〜	〜mit Gas ミト　ガース
☐ 炭酸なしの〜	〜ohne Gas オーネ　ガース
☐ コーヒー	Kaffee 男 カフェ
☐ エスプレッソ	Espresso 男 エスプレッソ
☐ ミルクコーヒー	Milchkaffee 男 ミルヒ・カフェ
☐ ホットチョコレート	heiße Schokolade 女 ハイセ　　ショコラーデ
☐ 紅茶	Tee 男 テー
☐ ミルク付きの〜	〜mit Milch ミト　　ミルヒ
☐ レモン付きの〜	〜mit Zitrone ミト　ツィトローネ
☐ 砂糖	Zucker 男 ツッカー
☐ 氷	Eis 中 アイス
☐ アップルジュース	Apfelsaft 男 アプフェル・ザフト
☐ オレンジジュース	Orangensaft 男 オランジェン・ザフト
☐ トマトジュース	Tomatensaft 男 トマーテン・ザフト
☐ コーラ	Cola 中女 コーラ
☐ ノンアルコール・ビール	alkoholfreies Bier 中 アルコホール・フライエス ビーア

Alkohol
アルコホール

☐ ビール	Bier 中 ビーア
☐ 白ワイン	Weißwein 男 ヴァイス・ヴァイン
☐ ロゼワイン	Roséwein 男 ロゼー・ヴァイン
☐ 赤ワイン	Rotwein 男 ロート・ヴァイン
☐ ハウスワイン	Hauswein 男 ハウス・ヴァイン
☐ 辛口	trocken トロッケン
☐ 甘口	süß ズース
☐ リンゴ酒	Apfelwein 男 アプフェル・ヴァイン
☐ スパークリングワイン	Sekt 男 ゼクト
☐ カクテル	Cocktail 男 コックテール
☐ ウイスキー	Whisky 男 ヴィスキ
☐ ブランデー	Branntwein 男 ブラント・ヴァイン

Kuchen und Torte
クーヘン　ウント　トルテ

☐ アップルケーキ	Apfelkuchen 男 アプフェル・クーヘン
☐ フルーツケーキ	Obstkuchen 男 オープスト・クーヘン
☐ チーズケーキ	Käsekuchen 男 ケーゼ・クーヘン
☐ イチゴのタルト	Erdbeertorte 女 エーアトベーア・トルテ
☐ ザッハートルテ	Sachertorte 女 ザッハー・トルテ
☐ アップルパイ	Apfelstrudel 男 アプフェル・シュトルーデル
☐ 生クリーム付きの〜	〜mit Sahne ミト　　ザーネ
☐ 生クリームなしの〜	〜ohne Sahne オーネ　　ザーネ

お土産品
Souvenirartikel
ズヴェニーア・アルティーケル

- 文房具 　Schreibwaren 複
　　　　　　シュライブ・ヴァーレン
- ボールペン 　Kugelschreiber 男
　　　　　　クーゲル・シュライバー
- 色鉛筆 　Farbstift 男
　　　　　　ファルブ・シュティフト
- ノート 　Notizbuch 中
　　　　　　ノティーツ・ブーフ
- 便せん 　Briefpapier 中
　　　　　　ブリーフ・パピーア
- 封筒 　Umschlag 男
　　　　　　ウム・シュラーク
- キャンドルスタンド 　Kerzenhalter 男
　　　　　　ケルツェン・ハルター
- ランチョンマット 　Set 中 男
　　　　　　ゼット
- カトラリー 　Besteck 中
　　　　　　ベシュテック
- サラダボウル 　Salatschüssel 女
　　　　　　ザラート・シュッセル
- こしょう挽き 　Pfeffermühle 女
　　　　　　プフェッファー・ミューレ
- チーズおろし 　Käseraspel 女
　　　　　　ケーゼ・ラスペル
- ワインのコルク抜き 　Korkenzieher 男
　　　　　　コルケン・ツィーアー
- 爪切り 　Nagelknipser 男
　　　　　　ナーゲル・クニプサー
- キーホルダー 　Schlüsselhalter 男
　　　　　　シュリュッセル・ハルター
- 磁器 　Porzellan 中
　　　　　　ポルツェラーン
- テディベア 　Teddybär 男
　　　　　　テディ・ベーア

食品
Lebensmittel
レーベンス・ミッテル

- ジャム 　Marmelade 女
　　　　　　マルメラーデ
- はちみつ 　Honig 男
　　　　　　ホーニヒ
- 岩塩 　Steinsalz 中
　　　　　　シュタイン・ザルツ
- チーズ 　Käse 男
　　　　　　ケーゼ
- ビスケット 　Gebäck 中
　　　　　　ゲベック
- チョコレート 　Schokolade 女
　　　　　　ショコラーデ

素 材
Stoff
シュトッフ

- 木綿 　Baumwolle 女
　　　　　　バウム・ヴォレ
- ウール 　Wolle 女
　　　　　　ヴォレ
- 絹 　Seide 女
　　　　　　ザイデ
- リネン 　Leinen 中
　　　　　　ライネン
- ナイロン 　Nylon 中
　　　　　　ナイロン
- 革 　Leder 中
　　　　　　レーダー

アクセサリー
Schmuck
シュムック

- ネックレス 　Halskette 女
　　　　　　ハルス・ケッテ
- ペンダント 　Anhänger 男
　　　　　　アンヘンガー
- ブローチ 　Brosche 女
　　　　　　ブロシェ
- ピアス 　Ohrstecker 複
　　　　　　オーア・シュテッカー
- イヤリング 　Ohrringe 複
　　　　　　オーア・リンゲ
- 指輪 　Ring 男
　　　　　　リング

町
Stadt
シュ**タ**ット

□ 橋
Brücke 🚺
ブ**リュ**ッケ

□ 教会
Kirche 🚺
キルヒェ

□ パン屋
Bäckerei 🚺
ベッカ**ラ**イ

□ 売店 Kiosk 🚹
キ**オ**スク

□ 噴水
Brunnen 🚹
ブ**ル**ンネン

□ 広場
Platz 🚹
プ**ラ**ッツ

□ カフェ
Café 🔆
カ**フェ**ー

□ レストラン	Restaurant 🔆 レスト**ラ**ーン		□ 市場	Markt 🚹 **マ**ルクト
□ ホテル	Hotel 🔆 ホ**テ**ル		□ 観光案内所	Touristeninformation 🚺 トゥ**リ**ステン・インフォルマツィ**オ**ーン
□ 銀行	Bank 🚺 **バ**ンク		□ 大聖堂	Dom 🚹 **ド**ーム
□ 病院	Krankenhaus 🔆 ク**ラ**ンケン・ハウス		□ 庭園	Park 🚹 **パ**ルク
□ 警察署	Polizeirevier 🔆 ポリ**ツァ**イ・レ**ヴィ**ーア		□ 美術館	Museum 🔆 ム**ゼ**ーウム
□ 日本大使館	Japanische Botschaft 🚺 ヤ**パ**ーニシェ **ボ**ートシャフト		□ 劇場	Theater 🔆 テ**ア**ーター

体の部位

Körperteil
ケルパー・タイル

① 頭	Kopf 男 コップフ		④ 鼻	Nase 女 ナーゼ		⑦ 顎	Kiefer 男 キーファー
② 額	Stirn 女 シュティルン		⑤ 耳	Ohr 中 オーア		⑧ 喉	Kehle 女 ケーレ
③ 目	Auge 中 アウゲ		⑥ 口	Mund 男 ムント		⑨ 首	Hals 男 ハルス

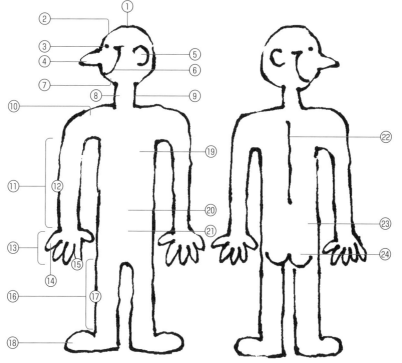

⑩ 肩	Schulter 女 シュルター		⑮ 爪	Nagel 男 ナーゲル		⑳ 腹	Bauch 男 バウホ
⑪ 腕	Arm 男 アルム		⑯ 脚	Bein 中 バイン		㉑ 下腹部	Unterleib 男 ウンター・ライブ
⑫ 肘	Ellbogen 男 エル・ボーゲン		⑰ 膝	Knie 中 クニー		㉒ 背中	Rücken 男 リュッケン
⑬ 手	Hand 女 ハント		⑱ 足	Fuß 男 フース		㉓ 腰	Hüfte 女 ヒュフテ
⑭ 指	Finger 男 フィンガー		⑲ 胸	Brust 女 ブルスト		㉔ 尻	Gesäß 中 ゲゼース

著者

宮坂英一 <small>みやさか えいいち</small>

1950年生まれ。横浜国立大学工学部卒業。出版社、映画輸入・配給・上映会社で編集・翻訳業務に携わる。86年にドイツ語翻訳家として独立し、さまざまな分野の翻訳・出版に関わる。

〈著書・翻訳書(監訳を含む)・翻訳論文〉

『ひとり歩きのドイツ語自遊自在』(JTB 1991年版)、『わがまま歩き 旅行会話 ドイツ語+英語』(実業之日本社)、『ドイツ語快速完成』(創育)、『FASHION－20世紀のファッションデザイナー』(シャルロッテ・ゼーリング編 クーネマン出版社)、『メイヨー・クリニックの内側』(ジョン・T・シェパード著 ぱる出版)、「経済学者のための『モモ』入門」『自由経済研究14号』(W・オンケン著 ぱる出版)ほか

聴ける！読める！書ける！話せる！

ドイツ語 初歩の初歩 音声DL版

著　者	宮坂英一
発行者	高橋秀雄
編集者	原田幸雄
発行所	**株式会社 高橋書店**
	〒170-6014　東京都豊島区東池袋3-1-1 サンシャイン60 14階
	電話　03-5957-7103

ISBN978-4-471-11459-6　©TAKAHASHI SHOTEN　Printed in Japan